Als Dresden im Feuersturm versank

Matthias Gretzschel

Als Dresden im Feuersturm versank

Ellert & Richter Verlag

Inhalt

7 Der 13. Februar

8 Wer Wind sät ... Die deutschen Bombenangriffe von Guernica bis Coventry

18 Moral bombing: Churchills Strategie

32 Operation Gomorrha: Die Erfindung des Feuersturms

40 Vom Märchentraum zum Albtraum: Dresden im Dritten Reich

52 Churchills Tante: Phantastische Gerüchte und bittere Wahrheiten

56 Vorboten des Infernos: Die ersten Bomben

58 Vor dem Feuersturm: Viele Flüchtlinge und keine Flak

64 Dresdens Untergang

96 Die Zeit danach ... Wie ein weltberühmtes Foto entstand

112 Die San Remo-Legende: Propaganda im Kalten Krieg

116 Schöner denn je? Der Wiederaufbau als zweite Zerstörung

120 Symbol der Versöhnung: Die Wiedergeburt der Frauenkirche

124 Anmerkungen/Ausgewählte Literatur

127 Daten zum Bombenkrieg

152 Autor/Bildnachweis/Impressum

Aber Abraham blieb stehen vor dem Herrn und trat zu ihm und sprach:
Willst du denn den Gerechten mit dem Gottlosen umbringen?
Es könnten vielleicht fünfzig Gerechte in der Stadt sein;
wolltest du die umbringen und dem Ort nicht vergeben
um fünfzig Gerechter willen, die darin wären?
Das sei ferne von dir, dass du das tust und tötest den Gerechten
mit dem Gottlosen, so dass der Gerechte wäre gleich wie der Gottlose!
Genesis 18,22–25

Der 13. Februar

Wie für die New Yorker der 11. September, ist für die Dresdner der 13. Februar ein Datum, das ohne Jahreszahl auskommt. Alle Dresdner wissen, dass in der Nacht vom Faschingsdienstag zum Aschermittwoch des Jahres 1945 die sächsische Hauptstadt von der britischen und amerikanischen Luftwaffe bombardiert wurde und danach im Feuersturm versank.
Während des Zweiten Weltkriegs wurden hunderte deutscher Groß- und Kleinstädte zerstört. Manche davon traf es sogar noch schlimmer als die alte sächsische Residenz. Dass aber Dresden weltweit zum mahnenden Symbol für die Realität einer Kriegsführung wurde, die zuallererst auf die Vernichtung von Zivilisten und deren Lebensgrundlagen abzielte, hat mehrere Gründe. Zum einen war Dresden zuvor als einzige deutsche Großstadt weitgehend unzerstört geblieben. Da das Ende des Krieges schon absehbar schien, hofften die Dresdner, dass sie verschont bleiben würden. Alle seriösen Militärhistoriker sind sich einig, dass es für Dresdens Zerstörung keine militärische Notwendigkeit gab. Und doch wurde die für ihre architektonische Schönheit bekannte alte europäische Kunststadt nur elf Wochen vor Kriegsende vom Erdboden getilgt. Die Zerstörung anderer Städte erforderte Tage, Wochen, Monate – in Dresden geschah es in einer einzigen Nacht.
Seither ist der 13. Februar das zentrale Datum der Stadtgeschichte. Es gibt ein *davor* und ein *danach*. Und weit stärker als in anderen Städten hat sich in Dresden eine Erinnerungskultur entwickelt, die immer Ausdruck kollektiven Gedenkens und kollektiver Trauer gewesen ist. An jedem 13. Februar läuten zum Zeitpunkt des Alarms die Glocken aller Dresdner Kirchen. Doch bei aller Trauer hat die große Mehrzahl der Dresdner zu keiner Zeit vergessen, dass auch der 13. Februar eine Folge des vom deutschen Nationalsozialismus begangenen Zivilisationsbruchs gewesen ist.
Leider wird die Erinnerung an das Dresdner Inferno seit den 1990er-Jahren immer wieder für Aufrechnung und Revanche instrumentalisiert. Neonazis und Rechtsextremisten leugnen die Vorgeschichte und missbrauchen die Opfer, indem sie Dresdens Zerstörung dafür nutzen, Hass und Ressentiments zu säen. Für sie ist der 13. Februar ein Datum, an dem sie martialische Aufmärsche veranstalten und damit zeigen, dass sie nichts aus der Geschichte gelernt haben. Aber manche Parolen linksextremer Gruppen lassen ebenfalls den Atem stocken. Was mögen Menschen empfinden, die als Kinder das Inferno erlebt und dabei Angehörige verloren haben, wenn Antifa-Gruppen skandieren „Keine Träne für Dresden!“?
Die große Mehrheit der Dresdner hat inzwischen gelernt, den Aufmärschen der Rechtsextremisten und allen damit verbundenen Provokationen entschieden und würdevoll, mutig und fantasievoll zu begegnen. Nun bilden am Gedenktag Tausende eine kilometerlange Menschenkette durch die Innenstadt, um sich zu erinnern, zugleich aber ein Zeichen zu setzen gegen Hass und Intoleranz, Rassismus und Fremdenfeindlichkeit. Viele von ihnen tragen weiße Rosen in der Hand. Den Fackeln der Rechtsextremen begegnen sie mit Kerzen – und stehen damit in einer guten Tradition. Denn es ist gewiss kein Zufall, dass die Friedensbewegung der DDR ihre Geburtsstunde an einem 13. Februar erlebte: Trotz massiver Einschüchterungen durch den SED-Apparat demonstrierten 1982 einige hundert meist junge Menschen vor der mächtigen Ruine der Frauenkirche dagegen, dass Krieg noch immer als legitimes Mittel der Politik betrachtet wird – nach wie vor ein aktuelles Anliegen, dem auch dieses Buch über das Geschehen des 13. Februars verpflichtet ist.

Matthias Gretzschel

Wer Wind sät …
Die deutschen Bombenangriffe von Guernica bis Coventry

26. April 1937: Oberst Wolfram von Richthofen stand auf einem Berg und wartete. In den Händen einen Feldstecher, vor sich eine Mappe mit Kartenmaterial, sah er hinunter auf die baskische Kleinstadt Guernica. Den Beobachtungsposten hatte er gut gewählt, die Sicht war klar, der spanische Frühling warm. Richthofen, Stabschef der deutschen Fliegerstaffel Legion Condor und Verbündeter der Franquisten im Spanischen Bürgerkrieg, sah unruhig auf die Uhr, unterhielt sich mit seinen Begleitern und beobachtete immer wieder die Brücke am Ostrand des Ortes bei der Vorstadt Rentrería. Diese Brücke sollte zerstört werden, um den republikanischen Truppen den Rückzug nach Bilbao abzuschneiden. So war es mit General Franco abgesprochen, doch Richthofen ging es um mehr.

Dann endlich kündigten sich die drei italienischen und 21 deutschen Flugzeuge an, zunächst ein leises Summen, das sich bald in ein tiefes, dröhnendes Brummen wandelte, bis schließlich die in Formation fliegenden Bomber am strahlend blauen Himmel erschienen. Als sie die Stadt erreicht hatten, klinkten sie zuerst ihre Brandbomben aus, die in die leicht gebauten Häuser einschlugen und deren Dächer binnen kurzem entzündeten. Dann folgten die 250-Kilogramm-Sprengbomben. Sie trafen Häuser, Plätze, Straßen, zerstörten die Wasserleitungen und machten alle Löschversuche damit unmöglich. Die Einwohner von Guernica, die völlig ahnungslos von dem Inferno heimgesucht wurden, gerieten in Panik, versuchten zu fliehen, doch für viele von ihnen gab es kein Entkommen. Nach zweieinhalb Stunden beendeten die 24 beteiligten Flugzeuge ihr Zerstörungswerk. Die Stadt war eine brennende und rauchende Trümmerwüste, mehrere hundert Menschen hatten ihr Leben verloren.

Richthofen war beeindruckt, obwohl er, ebenso wie seine Flugzeugbesatzungen, durch die starke Rauchentwicklung schon bald keine Einzelheiten mehr unterscheiden konnte. „Keiner konnte mehr Straßen-, Brücken- und Vorstadtziel erkennen und warf nun mitten hinein“, notierte er später in seinem privaten Tagebuch, in dem er schließlich resümierte: „Guernica, Stadt von 5000 Einwohnern, buchstäblich dem Erdboden gleichgemacht. Bombenlöcher auf Straßen noch zu sehen, einfach toll.“[1]

Vom offiziellen Ziel des Angriffs, der strategisch bedeutsamen Brücke, war nicht mehr die Rede. Mit ihren Maschinengewehren schossen die Bomber noch auf die flüchtenden Menschen. Schon am 13. Dezember 1936 hatte die Führung der Franco-Armee die Legion Condor in einem Operationsbefehl ausdrücklich angewiesen, „Menschenansammlungen zu bewerfen“, um die „Moral der Feindkräfte zu erschüttern“. Am 29. April, drei Tage nach dem Angriff, berichtete José Antonio de Aguirre, der Präsident der baskischen Regierung: „Stundenlang haben deutsche Flugzeuge mit einer bisher unbekannten Brutalität die schutzlose Zivilbevölkerung der historischen Stadt Guernica bombardiert; sie haben die Stadt eingeäschert und mit Maschinengewehrsalven die Frauen und Kinder verfolgt, die in panischer Angst flohen und zahlreich zu Tode kamen.“

Der Name Guernica ging um die Welt, wurde zum Symbol für eine neue, barbarische Form der Kriegsführung. Pablo Picasso, der aus der französischen KP-Zeitung „l'Humanité“ von dem Bombardement erfahren hatte, malte innerhalb weniger Wochen sein großartiges Anti-Kriegs-Bild, mit dem Guernica auch in die Kunstgeschichte einging. Das Gemälde, das er im Auftrag der republikanischen Regierung für den spanischen Pavillon auf der Pariser Weltausstellung schuf (heute zu sehen im Centro de Arte Reina Sofía in Madrid), zeigt in einer tripty-

„Guernica, Stadt von 5000 Einwohnern, buchstäblich dem Erdboden gleichgemacht. Bombenlöcher auf Straßen noch zu sehen, einfach toll", schrieb der deutsche Luftwaffenoberst Wolfram von Richthofen in sein Tagebuch. Er war offenbar sehr zufrieden mit dem Angriff seiner Legion Condor, die am 26. April 1937 die spanische Kleinstadt bombardiert und in ein Trümmerfeld verwandelt hatte.

Diese Heinkel-Flugzeuge gehörten zur Legion Condor, die sich als deutsche Einheit an der Seite von General Franco am Spanischen Bürgerkrieg (1936–39) beteiligte und dabei immer wieder gezielt die Zivilbevölkerung und unverteidigte Städte angriff.

chonartigen Komposition Leid, Gewalt, Tod und Zerstörung – eine erschütternde Darstellung von zeitloser Eindringlichkeit.
Schon unmittelbar nach dem Bombardement begann ein Streit um die Verantwortung: Die Franquisten behaupteten, die baskischen Republikaner hätten Guernica bei ihrem Rückzug selbst in Brand gesetzt – eine absurde Version, die gleichwohl bis in die 70er-Jahre in der deutschen Presse kolportiert wurde. Auch einige deutsche Historiker meinten, der Angriff sei militärisch gerechtfertigt, denn es gebe keine Indizien für eine absichtsvolle Zerstörung der unbewaffneten Stadt. Diese Indizien tauchten, wie Spiegel-Redakteur Per Hinrichs berichtet, im Nachlass des deutschen Luftwaffen-Ingenieurs Joachim von Richthofen schließlich doch noch auf. Richthofen, der 1981 in Düsseldorf starb und übrigens nicht mit dem Stabschef der Legion Condor verwandt war, schildert die Zerstörung der Stadt als Ergebnis einer genau geplanten Aktion. Unter rein technischen Gesichtspunkten hatte er die Sprengwirkung der einzelnen Bombentypen sowie deren Zusammenwirkung untersucht, um herauszufinden, wie die „erstrebten Brandkatastrophen“ auf optimale Weise herbeizuführen seien. Für die deutsche Luftwaffe war Guernica ein waffentechnischer Test. Auch wenn die „Volltrefferzahl“ nicht sehr hoch gewesen sei, war Joachim von Richthofen mit dem Resultat offenbar zufrieden. In seinem Bericht vermerkte er einen „Zerstörungsumfang von rund 75 Prozent der Stadt bei 31 000 kg Gesamtabwurfmenge aus 600 bis 800 m Höhe“.[2]
Reichlich dreieinhalb Jahre später, im September 1939, begann der Zweite Weltkrieg. Die Wehrmacht war in Polen einmarschiert und rückte Richtung Osten vor. Als der „Blitzfeldzug“ Mitte September vor Warschau ins Stocken geriet, konnte die Luftwaffe ihre in Spanien gesammelten Erfahrungen nutzen. Wolfram von Richthofen, der inzwischen zum Generalmajor aufgestiegen war, beantragte, „mit allen Kräften“ die „völlige Tilgung Warschaus“ anzustreben. Ihm schwebten groß angelegte „Brand- und Terrorangriffe“ vor – was der Luftwaffenführung zu diesem Zeitpunkt allerdings noch zu weit ging. Anders als die spanische Kleinstadt Guernica war die Millionenmetropole Warschau eine militärisch verteidigte Stadt, die über mehrere gut ausgebaute Festungsanlagen verfügte. Obwohl die deutschen Bomber die Anweisung hatten, nur kriegswichtige Ziele zu bombardieren, bedeutete der dreitägige deutsche Angriff, der am 24. September begann, für Warschau eine Katastrophe. Allein am 25. September flog die Luftwaffe 1177 Einsätze, bei denen sie 487 Tonnen Spreng- und 72 Tonnen

Mit etwa 400 Flugzeugen – darunter auch diese Heinkel He 111 – flog die deutsche Luftwaffe im September 1939 drei Tage lang Angriffe gegen Warschau. Durch Bomben und Artilleriebeschuss verloren in der polnischen Hauptstadt damals etwa 20 000 Menschen ihr Leben.

Spuren einer bis dahin kaum vorstellbaren Verwüstung: Diese Aufnahme, die Ende Oktober 1939 entstand, zeigt zerstörte Straßenzüge im eroberten Warschau.

Brandbomben abwarf. Da nicht genügend Bomber zur Verfügung standen, setzte man schließlich sogar Transportflugzeuge vom Typ JU 52, im Volksmund „Tante JU“ genannt, als Hilfsbomber ein: Die Besatzungen mussten die Brandbomben mit Kohlengabeln aus den Luken schaufeln.[3]
Als die Luftwaffenführung im November 1939 Bilanz zog, war sie mit der Effizienz ihrer Bomben hoch zufrieden. Besonders lobend wurde die Qualität der Brandbombe B 1 Fee bewertet: „Ihre hervorragende Wirkung auf großstädtische Wohnblocks steht nach dem großen Erfolg von Warschau außer jedem Zweifel.“[4] Dort hatte die Luftwaffe das Know-how des Flächenbombardements also bereits „erfolgreich“ umgesetzt. In dem Abschlussbericht heißt es weiter: „Abwurf in großen Mengen, um gleichzeitig möglichst viele Brandherde zu erzeugen. Dazu überlagernd in wellenden Störangriffen Spreng- bzw. Splitterbomben ... um Bevölkerung in Schutzräumen zu halten, so dass einzelne Brandherde sich ausdehnen und eine Brandkatastrophe entsteht.“ Spiegel-Autor Michael Schmidt-Klingenberg resümiert: „Es war eben dieses Konzept, nach dem von 1942 an die Gegner der Nazis Deutschlands Städte verbrannten.“[5]
Knapp acht Monate später hatte die Wehrmacht die neutralen Niederlande überfallen, war relativ schnell in die „Festung Holland“ vorgerückt, stieß aber vor Rotterdam, der größten Hafenstadt des Landes, auf erbitterten Widerstand. Die deutsche Armee hatte eine große Brücke, die über die Maas führte, erobert, wurde aber vom jenseitigen Ufer aus der Rotterdamer Altstadt ständig unter Beschuss genommen. Am Abend des 13. Mai erteilte General Georg von Küchler, Oberbefehlshaber der 18. Armee, den Befehl, den Widerstand mit allen Mitteln zu brechen. Wörtlich heißt es: „Nötigenfalls ist Vernichtung der Stadt anzudrohen und durchzuführen.“[6] Am folgenden Vormittag schickte General Rudolf Schmidt drei deutsche Parlamentäre zu den Holländern. Um 10.40 Uhr machten sie sich, eine weiße Fahne schwenkend und im Gepäck eine Kapitulationsforderung, auf den Weg über die Maasbrücke. Sie wurden von den Holländern ziemlich rüde empfangen, dann aber doch zu Oberst Philip Scharroo, dem Rotterdamer Stadtkommandanten, gebracht. Der hörte sich die Kapitulationsforderung an, in der für den Fall weiteren Widerstands die „völlige Vernichtung der Stadt“ angedroht wurde, wollte aber vor einer Entscheidung erst Kontakt mit seinem Hauptquartier in Den Haag aufnehmen. Das teilten die deutschen Unterhändler, die um 13.40 Uhr wieder ihren Befehlsstand erreichten, den zuständigen Kommandostellen umgehend mit.

Der 14. Mai 1940 wurde für Rotterdam zum Schicksalstag. Zwar hatten deutsche Parlamentäre mit den Holländern über die Übergabe der Stadt verhandelt und eine Waffenruhe bis 18 Uhr vereinbart. Aber aufgrund von Übermittlungsfehlern und Kommunikationsproblemen auf deutscher Seite war die Luftwaffe nicht mehr zu stoppen. Um 15.05 Uhr schlugen die ersten Bomben ein. An diesem Tag kamen in der niederländischen Hafenstadt, die zu großen Teilen zerstört wurde, etwa 900 Menschen um.

„Angriff wegen Verhandlungen aufgeschoben“, ließ Schmidt um 14.15 Uhr an das Kampfgeschwader 54 funken. Doch zu diesem Zeitpunkt hatten die voll betankten und mit schwerer Bombenlast beladenen Flugzeuge ihre Horste in Hoya, Quakenbrück und Delmenhorst bereits verlassen und Kurs auf Rotterdam genommen. Flugzeit etwa 100 Minuten. Inzwischen trafen bei Schmidt holländische Parlamentäre ein, die auf Formfehler in der Kapitulationsforderung hinwiesen – ganz offensichtlich ein Versuch der Holländer, Zeit zu gewinnen. Um 14.55 Uhr verließen sie mit den „nachgebesserten“ Dokumenten die deutschen Stellungen. Bis 18 Uhr war Waffenruhe vereinbart. Um 15.05 Uhr schlugen die ersten Bomben in Rotterdam ein.

Schmidts Funkspruch, der über mehrere Stationen übertragen werden musste, war beim Luftwaffen-Leitstand nicht mehr rechtzeitig angekommen. Die Maschinen waren über Funk nicht erreichbar, da sie in Vorbereitung des Angriffs ihre Schleppantennen bereits eingezogen hatten. Um 15 Uhr befahl Schmidt, von der Maasbrücke ununterbrochen rote Leuchtmunition abzufeuern – ein letzter Versuch, den Angriff noch zu verhindern. Aber der Dunst des Tages vermischte sich mit den Rauchwolken eines im Hafen brennenden Frachters, so dass nur 57 von insgesamt 100 Maschinen das Signal wahrnahmen und abdrehten. Die restlichen Flugzeuge warfen ihre tödliche Last über der Stadt ab: 158 schwere 250-Kilo-Bomben und 1150 150-Kilo-Bomben. Obwohl die Besatzungen angewiesen waren, nur militärische Ziele zu bombardieren, waren die Folgen für die dicht besiedelte Großstadt verheerend. Bald breiteten sich riesige Brände aus, die die alten Häuser des historischen Zentrums binnen kurzem erfassten, so dass das Herz der Stadt in Flammen aufging. Insgesamt wurden 25 000 Wohnungen, 2500 Geschäfte sowie 1350 Industrieanlagen zerstört. Die britische Presse berichtete von 30 000 Opfern, in Wahrheit waren etwa 900 Menschen bei dem Angriff ums Leben gekommen. Für die Propaganda beider Seiten spielten Opferzahlen von Anfang an eine wichtige Rolle.

Für die Alliierten wurde Rotterdam zum Symbol für die Barbarei der deutschen Luftangriffe, aber auch die Deutschen versuchten aus dem keineswegs planmäßig verlaufenen Angriff propagandistisch Kapital zu schlagen. Wie ein Mitarbeiter des Auswärtigen Amtes wenige Tage nach dem Angriff in einem Memorandum schrieb, war man sich allerdings eines Dilemmas bewusst: „Will man eine Propaganda betreiben mit dem Ziele, seht, so stark sind wir, so tüchtig ist unsere Wehrmacht, so wirken unsere Bomben und Waffen, dann ist kein Objekt besser dazu geeignet als Rotterdam. Will man aber vermeiden, weiter im Geruch des Kulturbanausentums zu bleiben, dann ist ein Besuch Rotterdams gefährlich.“[7] Doch die Wehrmacht hatte schließlich keine Bedenken, im Sommer 1940 Journalisten aus aller Welt die Ruinen von Rotterdam als Beweis für ihre militärische Leistungsfähigkeit vorzuführen.

Kriegsroutine auf einem deutschen Fliegerhorst: Im Herbst 1940 wird eine Junkers JU 88 mit Bomben beladen. Ziel des unmittelbar bevorstehenden Angriffs ist London.

Auch diese Soldaten bereiten einen deutschen Angriff auf London vor. Das Bild, das am 23. September 1940 entstanden ist, zeigt Luftwaffenangehörige, die ein Flugzeug mit Bomben beladen.

Oft hatten die Bomberpiloten Probleme, ihr Ziel zu identifizieren. In London bot die Themse ihnen jedoch eine vorzügliche Orientierung. Sie brauchten nur dem Flusslauf zu folgen, um ihre wichtigsten Zielgebiete zu erreichen. Das waren vor allem die Hafen- und Dockanlagen. Diese sollten im Vorfeld der geplanten deutschen Invasion Englands möglichst weitgehend lahm gelegt werden. Dieses Foto, das ein deutscher Aufklärer unmittelbar nach einem Angriff aufgenommen hat, zeigt Teile der brennenden Hafenanlagen von London.

Vor den deutschen Luftangriffen suchten englische Zivilisten Schutz in U-Bahn-Schächten und – teils provisorischen – Bunkern. Das Foto oben zeigt Frauen im „air raid shelter“ der Stadt Ramsgate (Grafschaft Kent), wo das Tunnelsystem einer stillgelegten Eisenbahnstrecke als Schutzraum für circa 60 000 Personen ausgebaut wurde.

Am 10. Mai 1940 gab es in Freiburg im Breisgau die ersten deutschen Luftkriegsopfer. Ein britisches [?] Kampfgeschwader, das eigentlich Ziele im Raum Dijon angreifen sollte, hatte sich in einer Schlechtwetterzone verflogen und seine Bomben schließlich über dem Stadtrand von Freiburg ausgeklinkt. Die NS-Propaganda griff den Vorfall mit großem Pathos auf und geißelte die alliierten Flieger, die die „offene Stadt Freiburg" ruchlos bombardiert hätten. Es gab 29 Tote, darunter sieben Kinder.[8]

Dennoch war der Bombenkrieg zu dieser Zeit für die deutsche Bevölkerung noch etwas sehr Abstraktes. Die Propaganda feierte die Erfolge von Görings Luftwaffe, und die meisten Deutschen konnten sich kaum vorstellen, dass sie selbst einmal Opfer von nächtlichen Bombardements werden könnten.

Das zerstörte Coventry. Die alte Bischofsstadt besaß ein wunderschönes historisches Zentrum, war aber auch ein wichtiger Standort der britischen Rüstungsindustrie. Am 14. November 1940 verwandelten 449 deutsche Bomber Coventry in eine Trümmerwüste. „Mondscheinsonate" hieß der zynische Deckname des Angriffs, bei dem etwa 550 Menschen starben.

Für Hitlers Kriegsführung besaß die Luftwaffe eine herausragende Bedeutung, was sich im Spätsommer 1940 bei der „Luftschlacht um England" zeigen sollte. In der Nacht vom 24. auf den 25. August heulten in London die Sirenen. Etwa 100 deutsche Flugzeuge griffen die britische Metropole an und trafen 76 Ziele in der City und in vier Vororten. Die Royal Air Force (R.A.F.), die am folgenden Tag einen Vergeltungsangriff auf Berlin flog, konnte dagegen kaum nennenswerten Schaden anrichten. Trotzdem brüllte Hitler, als er am 4. September das Winterhilfswerk eröffnete, wütend ins Mikrofon: „Wenn sie erklären, sie werden unsere Städte in großem Ausmaß angreifen – wir werden ihre Städte ausradieren."[9]

Bald gab es in der deutschen Propagandasprache dafür einen neuen zynischen Terminus: „coventrieren". Während die Angriffe auf London fortgesetzt wurden, bei denen bis Dezember 1940 etwa 14 000 Menschen starben, versprach sich die Luftwaffenführung jedoch mehr von der Bombardierung von Rüstungsbetrieben in Industriezentren. Terrorangriffe auf zivile Ziele waren und blieben für Hitlerdeutschland zwar immer eine Option, doch glaubte man Ende 1940, den Gegner mit gezielten Schlägen gegen Rüstungszentren wie Birmingham oder Sheffield stärker zu treffen als durch Angriffe auf Londoner Wohngebiete. Als besonders lohnendes Ziel empfahl sich das südöstlich von Birmingham in Mittelengland gelegene Coventry. Die alte Bischofsstadt mit ihrer berühmten, vom 12. bis 14. Jahrhundert erbauten gotischen Kathedrale und mit ihrer historischen Altstadt lag an einem wichtigen Bahnknotenpunkt. Im 19. Jahrhundert hatte sich innerhalb des Stadtgebiets viel Industrie angesiedelt, vor allem Betriebe der Luftfahrt- und Automobilherstellung – kein Wunder also, dass Coventry für die britische Rüstungswirtschaft besondere Bedeutung

besaß. Immerhin wurden hier die Motoren für die Lancaster-Bomber und für die Jäger der Typen „Spitfire“ und „Hurricane“ hergestellt.
In einer Einschätzung der Feindnachrichtenabteilung der Wehrmacht hieß es, dass in Coventry die Wirkung von Angriffen auf die Industrie noch zusätzlich gesteigert würde, „weil die unmittelbar in Werksnähe wohnende Arbeiterschaft stark in Mitleidenschaft gezogen wird. Infolge der leichten Bauweise von Fabrik- und Wohngebäuden unter enger Zusammendrängung des bebauten Raumes ist hier eine besonders starke Wirkung des Brandbombeneinsatzes zu erwarten.“[10]
Am Nachmittag des 14. November 1940 starteten an der französischen Kanalküste 449 deutsche Bomber mit Kurs auf Coventry. Die Aktion hatte den Codenamen „Mondscheinsonate“. Kurz nach 19 Uhr hatten die Flugzeuge die Stadt erreicht, über der sie 56 Tonnen Brand- und 394 Tonnen Sprengbomben ausklinkten. Innerhalb von Minuten verwandelte sich Coventry in eine Feuerhölle, aus der es kaum ein Entrinnen gab. Wohnhäuser, Fabrikhallen, Kirchen, die Kathedrale – alles sank in Schutt und Asche. Etwa 550 Menschen starben in der Stadt, die nach der barbarischen Operation, die den Namen einer Beethoven-Klaviersonate trug, wie eine Mondlandschaft aussah. Zum ersten Mal seit Kriegsbeginn mussten in Großbritannien Bombenopfer in Massengräbern beigesetzt werden. Am 16. November titelte eine Tageszeitung im nahe gelegenen Birmingham: „Coventry – unser Guernica“.

Deutsche Bombenangriffe auf europäische Städte:

---

26. April 1937:
Guernica, mehrere hundert Tote

---

1. September 1939:
Wielún, Polen, mehrere hundert Tote

---

24. bis 26. September 1939:
Warschau, 20 000 Tote
(auch durch Artilleriebeschuss)

---

14. Mai 1940:
Rotterdam, rund 900 Tote

August 1940 bis März 1945:
London, rund 40 000 Tote

---

14. November 1940:
Coventry, über 550 Tote

6./7. April 1941:
Belgrad, rund 2200 Tote

---

23. August 1942:
Stalingrad, 40 000 Tote[11]

Die deutsche Luftwaffe zerstörte auch das Symbol der britischen Demokratie, das Unterhaus. Was mag der britische Premier Winston Churchill empfunden haben, als er 1940 die Ruinen des House of Commons besuchte? 1941 sollte er die gnadenlose Bombardierung deutscher Großstädte, das „moral bombing“, befehlen.

Gegenüberliegende Seite: Lange bevor deutsche Städte Ziel von britischen und amerikanischen Flächenbombardements wurden, machten die Londoner schlimme Erfahrungen mit der Zerstörung ihrer Stadt aus der Luft. Immer wieder griff die deutsche Luftwaffe in der „Luftschlacht um England“ von September 1940 bis Mai 1941 die britische Metropole an – mit verheerenden Folgen. Hinter den Trümmern eines zerstörten Hauses ist die Kuppel der von Sir Christopher Wren erbauten St. Paul's Cathedral zu sehen.

Moral bombing: Churchills Strategie

Hitler hatte zu keiner Zeit irgendwelche Bedenken, Zivilisten, Unbeteiligte, Frauen und Kinder zu töten – weder vor dem Krieg noch im Krieg, weder in Deutschland noch in den von Deutschland überfallenen und besetzten Ländern und gleich gar nicht in Staaten, mit denen Deutschland Krieg führte. Dennoch ist der Terrorangriff auf Städte und ihre Einwohner nicht seine Idee gewesen. Sie ist sehr viel älter. Am 2. September 1807 begann ein englisches Schiffsgeschwader ein sechstägiges verheerendes Granatenfeuer auf Kopenhagen, dem mehr als 800 Menschen zum Opfer fielen – der erste Terrorangriff auf eine Stadt in der neueren Kriegsgeschichte.

Dass die Luftfahrt völlig neue Möglichkeiten der Kriegsführung eröffnete, zeigte sich schon zu Beginn des 20. Jahrhunderts, und zwar zunächst im Kolonialkrieg. Am 1. November 1911 warf Giulio Cavotti, Leutnant der italienischen Armee, die erste Bombe der Kriegsgeschichte in der Nähe der libyschen Stadt Tripolis aus einem Motorflugzeug ab. Sie versetzte die Araber, die gegen die italienischen Kolonialtruppen kämpften, in Angst und Schrecken. Die moralische Wirkung der neuen Waffe dürfte ungleich größer gewesen sein als ihr tatsächlicher zerstörerischer Effekt. Von nun an setzten auch Franzosen, Briten und Spanier im Kolonialkrieg Bomben gegen Aufständische ein, oft mit grausamen Folgen keineswegs nur für die unmittelbar an den Auseinandersetzungen Beteiligten.[12]

Während des Ersten Weltkriegs nutzten die Deutschen auch Zeppeline zum Bombenabwurf. 1915 griffen sie die Küste von Norfolk an und töteten bei insgesamt 20 Einsätzen 498 Zivilisten und 58 Armeeangehörige. Am 31. Mai 1915 gab es den ersten Zeppelinan-

Der Pilot Karl Caspar war ein Pionier des Luftkriegs. Die 1914 entstandene Aufnahme zeigt ihn mit einer Rumpler Taube. Er war der erste Pilot, der über London Bomben abwarf.

25, 50, 100 und 300 Kilogramm wogen die Bomben, die hier kurz vor Ende des Ersten Weltkriegs vom Bodenpersonal eines deutschen Feldflugplatzes präsentiert werden. Im Hintergrund ist eines der damaligen Bombenflugzeuge zu sehen.

griff auf London, der sieben Todesopfer forderte. Folgenschwerer waren die in den letzten beiden Kriegsjahren geflogenen London-Angriffe mit Flugzeugen der Typen „Gotha“ (zweimotorig) und „Riese“ (viermotorig), denen 836 Menschen zum Opfer fielen. Bei britischen Vergeltungsangriffen kamen bis 1918 in Deutschland 746 Menschen ums Leben.[13]
Die psychologische Wirkung der deutschen Bomben auf England war beträchtlich. Die Menschen, die sich seit Jahrhunderten dank ihrer Insellage sicher gewähnt hatten, fühlten sich auf einmal als schutzlose Ziele. Winston Churchill, während des Ersten Weltkriegs Rüstungsminister, plante für 1919 einen Angriff auf Berlin mit 1000 Bombenflugzeugen – ein Vorhaben, das sich zu diesem Zeitpunkt wohl schon aus technischen Gründen kaum hätte realisieren lassen. Doch auch nach Kriegsende hielt Churchill grundsätzlich an der Vorstellung fest, dass sich großflächige Bombardements auf Städte kriegsentscheidend auswirken könnten. „Die Schlacht von 1919 wurde nicht geschlagen, aber ihre Ideen lebten weiter“, schrieb er 1925.[14]
Die Luftangriffe, die die Kolonialmächte in den 20er-Jahren führten, ließen bereits eine neue Qualität der Zerstörung erkennen. Darüber schrieb GEO-Redakteur Christoph Kucklick in seinem Buch „Feuersturm – Der Bombenkrieg gegen Deutschland“: „In den 1920er-Jahren machten südafrikanische Flieger in ihren Flugzeugen Jagd auf Hottentotten, französische Flieger zerstörten Teile von Damaskus und töteten 1000 Menschen, die USA bombten gegen revoltierende Bauern in Nicaragua. US-Piloten unter französischem Kommando gebührt auch der zweifelhafte Ruhm, als erste eine ganze Stadt vernichtet zu haben: Chechaouen, den heiligen Ort der Jibala. Zum Zeitpunkt der Attacke im Jahre 1925 war der 6000 Einwohner große Ort unverteidigt, und die Flieger wussten, dass alle bewaffneten Männer ihn verlassen hatten. Im Irak verfeinerte jener Arthur Harris, der später als Chef des britischen Bomber Command die deutschen Städte einebnen ließ, die Technik der *air control* und befahl, gezielt Wohnhäuser in Dörfern zu bombardieren. Araber und Kurden lernten nun, schrieb er seinen Vorgesetzten, ‚dass innerhalb von 45 Minuten ein ganzes Dorf ausgelöscht und ein Drittel der Bewohner getötet und verwundet werden kann‘“.[15]
Im 1932 erschienenen „Großen Brockhaus“ ist unter dem Stichwort Luftkrieg unter anderem Folgendes zu lesen: „Das Gebiet der Kriegführung erhielt durch den Zeit und Raum überspannenden Luftkrieg gewaltige Ausdehnung. Strategie und Taktik sind somit aus der Fläche in den Raum hineingewachsen. Der ständig zunehmende Wirkungsbereich der Luftfahrzeuge macht außer dem Operations- auch das Etappen- und Heimatgebiet zum Kriegsschauplatz. Die großen Kraftzentren der Staaten, in erster Linie die Regierungssitze und Industriegebiete, sind Ziele des Luftkriegs durch Abwurf

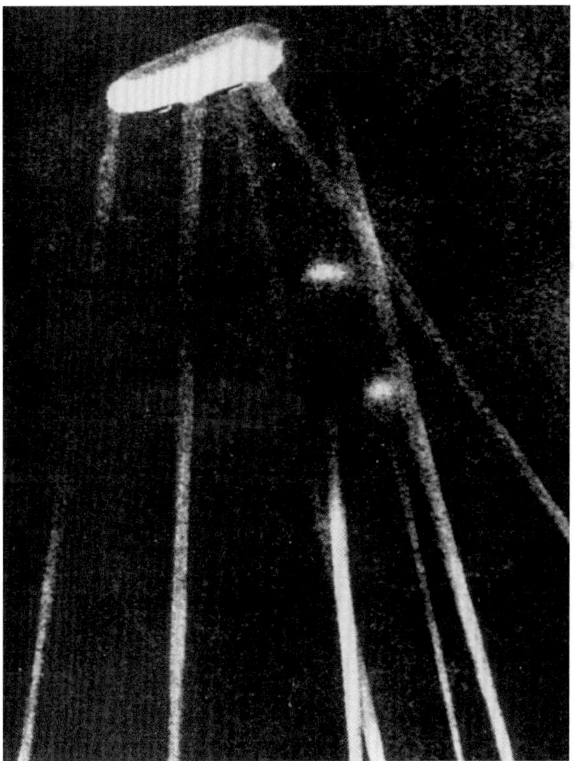

1915 greift dieser deutsche Zeppelin London an. Während der gewaltige Rumpf des Luftschiffs von den Scheinwerfern der britischen Luftabwehr erfasst worden ist, detonieren unter ihm bereits die ersten Granaten.

von Gas-, Spreng- und Brandbomben (Luftangriff) geworden. Die militärische Kraft eines Landes hängt heute sehr wesentlich von der Stärke seiner Luftstreitmacht ab. Sie ist von entscheidender Bedeutung für den künftigen Krieg."

Winston Churchill dürfte die Aussagen des deutschen Lexikons vorbehaltlos geteilt haben. Im Frühsommer 1940 stand der Londoner Kriegspremier mit dem Rücken zur Wand: Am 22. Juni hatte Frankreich kapituliert, die britischen Truppen mussten Hals über Kopf vom Kontinent fliehen und dabei große Teile ihres Kriegsgeräts zurücklassen. Hitler war mit Stalin verbündet, ein Kriegseintritt der USA schien zu diesem Zeitpunkt noch höchst fraglich. Da Churchill eine deutsche Invasion der britischen Inseln befürchten musste, wurde für ihn die Frage immer wichtiger, gegen welche Ziele er seine Luftstreitmacht, damals seine einzige wirksame Waffe, einsetzen sollte. Gegen die Wehrmacht, gegen militärische Ziele, gegen Verkehrswege, gegen die Rüstungswirtschaft oder gegen die Städte des Feindes?

Als Winston Churchill 1939 die britische Luftwaffe inspizierte, war er noch Marineminister. Später sollte er als Premier die Royal Air Force (R.A.F.) gegen deutsche Großstädte einsetzen. Sein erklärtes Ziel war es, die Moral der Zivilbevölkerung und damit Hitlers Kampfkraft zu erschüttern. Die Zerstörung der Städte gelang in erschreckendem Ausmaß, ohne freilich zu einer innenpolitischen Destabilisierung Hitlerdeutschlands beizutragen. Diejenigen, die die Bombardements überlebt hatten, resignierten und stumpften ab, statt gegen das NS-Regime zu rebellieren.

Schon zwölf Jahre zuvor hatte Air-Marshall Hugh Trenchard, Gründervater der R.A.F. und einer der wichtigsten britischen Luftstrategen, über diese Frage nachgedacht und war dabei zu folgendem Ergebnis gekommen: „Streitkräfte anzugreifen bedeutet, den Gegner an seiner stärksten Stelle anzugreifen. Andererseits lässt sich mit einem Angriff auf die Quellen, die diese Streitkräfte versorgen, eine unendlich größere Wirkung erzielen. Greift man einen Tag lang die Flugplätze des Feindes an, könnten vielleicht fünfzig Flugzeuge zerstört werden, während ein moderner Industriestaat aber hundert pro Tag produziert. Die Produktion übertrifft bei weitem jegliche Zerstörung, die wir vielleicht in der vorderen Kampfzone erreichen können. Durch einen Angriff auf die gegnerischen Fabriken hingegen lässt sich die Produktion in wesentlich größerem Maße verringern."[16]

In seinem Buch „Der Brand" zieht Jörg Friedrich aus dieser Erkenntnis eine viel weiter reichende Folgerung, mit der sich sehr rational erklären lässt, warum die britische Führung ausgerechnet deutsche Städte zum Hauptziel im strategischen Luftkrieg machte. Friedrich schreibt: „Ist die militärische Produktion erst militärisches Ziel, ist bald alle Produktion militärisch. Was geht in das Flugzeug ein, was gar nicht in der Flugzeugfabrik fabriziert wird: Walzblech, Kugellager, Gummi, Schmieröl, Anzeigeninstrumente und all dies in Facharbeit. Kurz das, was eine Stadt beherbergt und wozu sie existiert. Trenchard hat, um die Wirksamkeit seiner Waffe nicht gleich wieder zu halbieren, ihre Ziele umfassend definiert, nämlich ‚alle Objekte, die wirksam zur Zerstörung der gegnerischen Mittel des Angriffs beitragen und seine Entschlossenheit zum Kampf verringern'. Widerstandsmittel und Kampfent-

schlossenheit zu zerstören heißt, den Krieg im Vorfeld zu gewinnen. Das Instrument, in das Vorfeld unwiderstehlich einzudringen, ist der Bomber", resümiert Friedrich und stellt fest: „Bomber, Stadt und Krieg sind seither unzertrennlich."[17]
Aber gerade im Sommer 1940 zeigte sich, dass Trenchards Theorie ihre Schwachstellen hatte. Während britische Bomber enorm lange Distanzen überwinden mussten, um Ziele auf deutschem Reichsgebiet zu erreichen, brauchte die inzwischen in Frankreich stationierte deutsche Luftwaffe im Gegenzug nur den Kanal zu überfliegen. Tatsächlich belegen die Akten der Luftwaffe, dass die deutschen Bomber zunächst keineswegs vorsätzlich zivile Ziele bombardierten, sondern vor allem Fliegerhorste, Flugzeug- und andere Rüstungsfabriken, Schiffe, Hafenanlagen und Werften. Diese Strategie war so erfolgreich, dass sich für die R.A.F. eine Katastrophe abzuzeichnen begann. Ende August 1940 schlug Robert Saundby, Vize-Chef des Bomber Command, Alarm und teilte Churchill mit, dass die durch deutsche Angriffe auf Flugplätze und Fabriken erlittenen Verluste an Jägern durch die Neuproduktion längst nicht mehr ausgeglichen werden konnten. Die Einsatzfähigkeit könne schon bald in Frage gestellt sein.
Saundby schrieb später rückblickend: „Unter diesen Umständen entschied sich der Premierminister dazu, eine riskante Karte auszuspielen. In der Nacht zum 25. August fiel eine Anzahl deutscher Bomben auf London, die ersten seit 1918, und die Regierung befahl zur Vergeltung einen schweren Berlinangriff. In der Nacht zum 26. August führten 81 Maschinen Bomber Commands einen erfolgreichen Angriff auf die deutsche Hauptstadt durch, obwohl die Nacht kaum lang genug dazu war, in Dunkelheit hin- und zurückzufliegen. Das Oberkommando der Wehrmacht reagierte heftig und verlegte innerhalb von einigen Tagen den Angriffsschwerpunkt auf London und weitere Städte. Der Druck auf die Flugplätze Fighter Commands, der das britische Verteidigungssystem gefährdete, ließ nach. Wenngleich dies bedeutete, dass die Zivilbevölkerung zu leiden hatte, war es der Wendepunkt der Schlacht und verbesserte erheblich die britischen Chancen auf den Sieg."[18]
Militärisch gesehen war der britische Vergeltungsangriff vom 26. August alles andere als ein Erfolg. Friedrich schreibt dazu: „Weil er (Churchill) keine tausend Bomber besaß, schickte er fünfzig ‚Hampdens' und ‚Wellingtons'. Sie stießen auf starken Gegenwind, verbrauchten mehr Benzin als vorgesehen, so stürzten drei Maschinen ab, drei weitere fielen beim Rückflug in die Nordsee. Damit waren zehn Prozent des Expeditionskorps verloren. Die Deutschen büßten eine hölzerne Laube ein, die in dem Vorort Rosenthal zu Bruch ging, dazu zwei Leichtverletzte. Churchill persönlich hatte die Operation als schweren Angriff bei Bomber Command bestellt."[19]
Trotz dieser bescheidenen Ergebnisse verfehlte der Angriff seine eigentlich beabsichtigte Wirkung keineswegs. Am 4. September tobte Hitler bei einem Auftritt im Berliner Sportpalast: „Und wenn die britische Luftwaffe zwei- oder drei- oder viertausend Kilogramm Bomben wirft, dann werfen wir jetzt in einer Nacht 150 000, 180 000, 230 000, 300 000, 400 000, eine Million Kilogramm."[20]
Tatsächlich ging nun das auf die englischen Städte nieder, was die Bevölkerung „the blitz" nannte – Angriffe, die von Frankreich aus geflogen wurden und aufgrund der kurzen Vorwarnzeiten wie Blitze aus heiterem Himmel einschlugen. Immer wieder war London das Ziel von Bombardements, deren verheerende Wirkung in der deutschen Presse gefeiert wurde. Bis Mai 1941 starben rund 30 000 Londoner, fast eine Viertelmillion verloren ihre Wohnungen. Ob damit, wie der Freiburger Historiker Klaus A. Maier meint, kein „allgemeiner Zielwechsel in der deutschen Luftkriegsführung gegen England im Sinne eines reinen Terrorkriegs" verbunden war, ist nicht zweifelsfrei zu beurteilen. Tatsache ist, dass die Luftwaffe weiter-

hin vorwiegend „kriegswichtige Ziele" anvisierte, dass dabei aber auch – wie etwa das Beispiel Coventry belegt – immer mehr Zivilisten getötet wurden.[21]
Tatsache ist aber auch, dass die britische Industrie seit 1940 trotz aller Angriffe gewaltig aufrüsten konnte und die R.A.F. damit schließlich jene Waffe bekam, die die Flächenbombardements gegen die deutschen Städte erst möglich machte.
Nachdem Deutschland 1941 unter dem Bruch des Hitler-Stalin-Paktes die Sowjetunion überfallen hatte, erließ das britische Luftfahrtministerium an Bomber Command die „Area Bombing Directive", in der als Angriffsziele explizit die dichtest bebauten Stadtgebiete genannt werden. Wörtlich heißt es: „Es ist entschieden, dass das Hauptziel Ihrer Operation jetzt auf die Moral der gegnerischen Zivilbevölkerung gerichtet sein sollte, insbesondere die der Industriearbeiterschaft." Um jeden Zweifel am Richtungswechsel der Kriegspolitik zu zerstreuen, heißt es wenig später ausdrücklich: „Es ist klar, dass die Zielpunkte die Siedlungsgebiete sein sollen und beispielsweise nicht Werften oder Luftfahrtindustrien. Dies muss ganz klar gemacht werden."[22] Ohne sich auf Größenordnungen einzulassen, teilte Churchill die damals 70 Millionen zählende deutsche Bevölkerung, die er als „Hunnen" bezeichnete, in zwei Gruppen ein: „Einige von ihnen sind heilbar, andere tötbar."
Arthur Harris, der am 22. Februar 1942 neuer Chef des Bomber Command geworden war, sollte sich als jener erweisen, der Churchills Konzept „Bomben gegen die Moral" ohne jede Rücksicht – auch auf eigene Verluste – durchsetzte. Jörg Friedrich beschreibt in seinem Buch „Der Brand" die sich daraus ergebende Konsequenz: „Mit der Wende 1941/42 besitzt Bomber Command auf Anhieb nicht bloß den Willen, sondern den Grundzug der Techniken, einen Vernichtungsraum herzustellen. Das ist der Sektor einer Stadt. Die Kriegshandlung besteht darin, den Sektor in den Vernichtungszustand zu bringen." Über die ständig wachsende Zerstörungsfähigkeit des Bomber Command schreibt Friedrich: „Auf dem Weg von Lübeck nach Hamburg erwarb es ein Können, den Vernichtungsprozess in Gang zu setzen, soweit er vorauszuberechnen war. Zwischen Hamburg und Darmstadt baute man auf günstige Umstände, dass die Berechnungen das Fanal hervorbrächten. Zwischen Darmstadt und Dresden erlernte man, das Fanal zu organisieren."[23]
Gab es gegen die Strategie des „moral bombing", die Harris am 29. März 1942 erstmals gegen Lübeck anwandte (234 Maschinen, 400 Tonnen Bomben, 1500 zerstörte Häuser, 320 Tote), keine moralischen Bedenken? Die Zahlen der zivilen deutschen Opfer stiegen dramatisch an: Waren es 1942 noch 6800 Bombentote, vervielfachte sich die Zahl 1943 bereits auf etwa 100 000. Für den Großteil der britischen Bevölkerung, die ja unter den deutschen Bombardements zu

Er gehört ganz sicher zu den umstrittensten Militärs des Zweiten Weltkriegs: Als Luftmarschall war der Brite Arthur Harris der Leiter der alliierten Luftangriffe auf Deutschland. Dieses Foto zeigt ihn in der Bildmitte (mit Brille) im Auswertungsraum bei der Begutachtung von Luftaufnahmen, auf denen das Ausmaß der Zerstörung deutscher Städte zu sehen ist.

leiden hatte, war das kein Problem. 1941 befürworteten in einer Umfrage 53 Prozent die Bombardierung ziviler deutscher Ziele, 38 Prozent lehnten sie ab, bei einer späteren Umfrage in London erhöhte sich die Zustimmungsquote auf 60 Prozent, während die Ablehnung auf 20 Prozent sank.[24]
Doch je erfolgreicher die R.A.F. Stadt um Stadt in Deutschland zerstörte, desto lauter wurden auch jene Stimmen, die im „moral bombing“ ein moralisches Problem erkannten. So schrieb der Tory-Abgeordnete Lord Salisbury in einem Brief an Luftkriegsminister Archibald Sinclair: „Natürlich haben die Deutschen angefangen, aber wir nehmen uns ja auch sonst nicht den Teufel zum Vorbild.“[25]
Die heftigste Kritik am „moral bombing“ äußerten einige Geistliche der anglikanischen Kirche. Im Londoner Oberhaus kam es zu tumultartigen Szenen, als George Bell, Bischof von Chichester, am 11. Februar 1943 erklärte: „Die Nazimörder in die gleiche Reihe mit dem deutschen Volk zu stellen, an dem sie sich verbrecherisch vergangen haben, heißt, die Barbarei voranzutreiben.“[26]
Am 9. Februar 1944, ein Jahr und vier Tage vor der Zerstörung Dresdens, erklärte Bell wiederum im Oberhaus: „Ich verlange, dass die Regierung angegangen wird wegen ihrer Politik der Bombardierung feindlicher Städte im gegenwärtigen Umfang, insbesondere hinsichtlich von Zivilisten, die Non-Kombattanten sind, sowie von nicht-militärischen und nicht-industriellen Zielen. Ich bin mir bewusst, dass bei den Angriffen auf Zentren der Waffenindustrie und des Militärtransports der Tod von Zivilisten etwas Unvermeidliches ist, soweit er aus einer in gutem Glauben durchgeführten Militäraktion rührt. Aber es muss eine Verhältnismä-

Zwischen dem 28. August 1942 und dem 11. April 1945 erlitt Nürnberg 28 Luftangriffe. Die alte Reichsstadt gehörte damit zu den am stärksten zerstörten deutschen Städten. Etwa die Hälfte aller Wohngebäude (14 690) und fast zwei Drittel der öffentlichen Bauten (594) wurden entweder total zerstört oder schwer beschädigt. Das Foto entstand 1945.

Die alte Hansestadt Lübeck mit der Marienkirche nach dem Bombenangriff vom 28./29. März 1942. Als der aus Lübeck stammende Schriftsteller Thomas Mann im amerikanischen Exil von der Zerstörung seiner Heimatstadt erfuhr, empfand er zwar Trauer und Schmerz, rechtfertigte aber den Angriff als eine Notwendigkeit im Kampf gegen die Nazi-Barbarei.

ßigkeit zwischen den eingesetzten Mitteln und dem erreichten Zweck bestehen. Eine ganze Stadt auszulöschen, nur weil sich in einigen Gegenden militärische und industrielle Einrichtungen befinden, negiert die Verhältnismäßigkeit. Die Alliierten stehen für etwas Größeres als Macht. Die Hauptinschrift auf unserem Banner ist ‚Recht'. Es ist von höchster Wichtigkeit, dass wir, die wir mit unseren Verbündeten die Befreier Europas sind, die Macht so nutzen, dass sie unter der Kontrolle des Rechtes steht. Es ist wegen der Bombardierung der Feindstädte, dieser Flächenbombardierung! Die Frage des schrankenlosen Bombardierens sollte für die Politik und das Handeln der Regierung von enormer Bedeutung sein."[27]

Auch britische Wissenschaftler hatten moralische Bedenken. So bekannte Professor Freeman Dyson, der als Physiker im Operational Research Zentrum des Bomber Command an den Planungen des Bombenkriegs beteiligt war, 1984 rückblickend: „Ich habe mich krank gefühlt von dem, was ich wusste. Ich habe mich viele Male dazu entschlossen, dass ich die moralische Pflicht hatte, auf die Straße zu rennen, um dem britischen Volk zu sagen, welche Dummheiten in seinem Namen begangen wurden. Aber ich hatte nicht den Mut dazu. Ich saß bis zum Ende im Büro und kalkulierte, wie man auf die wirtschaftlichste Weise weitere 100 000 Leute ermordete."[28]

Auch Köln gehört zu den Städten, die es am schwersten traf: Bei insgesamt 262 Luftangriffen ging das in Jahrhunderten gewachsene Stadtbild fast völlig verloren. Von den 780 000 Vorkriegsbewohnern lebten im Mai 1945 nur noch etwa 40 000 in den Trümmern ihrer Heimatstadt. Der letzte Angriff erfolgte am 2. März 1945. Drei Tage später marschierten amerikanische Truppen in die Domstadt ein.

Moralische Bedenken dieser Art waren Arthur Harris völlig fremd. Für ihn war das „moral bombing" gerechtfertigt, weil es ihm als die effizienteste Art der Kriegsführung erschien. Während selbst Winston Churchill gelegentlich Bedenken kamen und er – nachdem er Filmaufnahmen von einem Angriff auf Städte im Ruhrgebiet gesehen hatte – geäußert haben soll: „Sind wir Tiere. Führen wir das zu weit?", ärgerte sich Harris nur darüber, dass die Londoner Regierung offiziell behauptete, es würden vor allem militärische und kriegswirtschaftliche Ziele bombardiert. Es sollte endlich klargestellt werden, dass die Angriffe der R.A.F. „der Zerstörung der deutschen Städte, dem Töten der deutschen Arbeiter und der Behinderung des zivilisierten Lebens in ganz Deutschland" dienten.[29]

Harris verfügte über eine Liste, auf der die „100 wichtigsten Städte für den deutschen Kriegseinsatz" verzeichnet waren. Nach der Zerstörung durch R.A.F.-Bomber strich er den Namen der jeweiligen Stadt durch. Christoph Kucklick erwähnt eine bemerkenswerte Episode: Während des Krieges geriet der Mann, dem noch 1992 in London ein Denkmal errichtet wurde, mit seinem Wagen in eine Geschwindigkeitskontrolle. Der Polizist, der ihn wegen überhöhten Tempos gestoppt hatte, belehrte den Chef des Bomber Command: „Sie hätten jemanden töten können." Darauf soll Harris erwidert haben: „Junger Mann, ich töte Tausende Menschen jede Nacht."[30]

Dieses am 23. August 1944 von Piloten der Royal Air Force aufgenommene Foto zeigt das Konzentrationslager Auschwitz, aus dem eine riesige Rauchfahne aufsteigt. Zu dieser Zeit wurden so viele Häftlinge vergast, dass die Kapazität der Krematorien nicht mehr ausreichte. Daher verbrannte man die Leichen in großen Gruben. Obwohl entflohene Häftlinge die Alliierten über die monströsen Verbrechen informierten und dringend um Luftangriffe baten, wurden zwar benachbarte Industrieanlagen, nicht aber die Vernichtungslager selbst bombardiert. Unter Historikern wird diskutiert, ob nicht allein schon die systematische Zerstörung der Gleisanlagen ausgereicht hätte, den industriemäßig betriebenen Mord an den europäischen Juden erheblich zu erschweren.

Brennende Häuser, fliehende Menschen, Tote, Verletzte, Obdachlose – das alles gehörte in den letzten Kriegsjahren zum deutschen Alltag. Das Foto wurde 1945 während eines Bombenangriffs auf Berlin aufgenommen.

Welche Auswirkungen hatten die Flächenbombardements aber auf den Ausgang des Krieges? Haben sie tatsächlich, wie einige Historiker bis heute annehmen, durch die Zerstörung von Infrastruktur, Menschen und Ressourcen den Krieg verkürzt? Die Untersuchungskommissionen, die die Alliierten nach Kriegsende einsetzten, um die Auswirkungen der Bombardements auf den Kriegsverlauf zu bewerten, kamen zu anderen Ergebnissen. Als kriegsentscheidend bezeichnete die britische Kommission die Invasion in der Normandie, den Zusammenbruch der deutschen Industrie und der Benzinversorgung. Daran hatte die Zerbombung von Industrieanlagen und Hydrierwerken wesentlichen Anteil. Die Flächenbombardements auf die deutschen Städte hielt die britische Kommission dagegen in ihrer Auswirkung auf den Sieg für so belanglos, dass sie mit keinem Wort erwähnt wurden.

Experten der amerikanischen Kommission glaubten sogar, dass die Flächenbombardements den Krieg unnötig verlängert hätten. Begründung: Damit sei die städtische Bevölkerung auf ein Niveau gebracht worden, auf dem sie zwangsläufig sehr viel weniger materielle Güter verbrauchte – was Ressourcen für Wehrmacht und Kriegswirtschaft freigesetzt habe. Der renommierte amerikanische Militärhistoriker Stephen Garrett kommt in seinem 1997 erschienenen Buch „Ethic and Airpower in World War II – The British Bombing of German Cities“ zu dem Schluss, dass die alliierten Flächenbombardements spätestens seit 1944 „ein Verbrechen und ein Fehler“ gewesen seien.

Ändert das irgendetwas an der deutschen Kriegsschuld? Werden mit dieser Feststellung etwa die Verbrechen, die der deutsche Nationalsozialismus über Europa gebracht hat, relativiert? Nein, denn das Verbrechen an Hamburg oder Dresden macht die Verfolgung der Juden, der Sinti und Roma, aller politisch Andersdenkenden, den Vernichtungskrieg im Osten, den Holocaust nicht weniger monströs. Und vor allem: Es begann mit den Verbrechen der Nationalsozialisten. Auch wenn Historiker den Alliierten im Bombenkrieg gegen deutsche Städte Kriegsverbrechen attestieren, geschahen diese Verbrechen in einem Krieg, der von Deutschland begonnen und mit unvorstellbarer Grausamkeit geführt worden ist.

Aber im Zusammenhang mit den Zielen der Bombardements gibt es eine Frage mit erheblicher moralischer Relevanz, die bis heute nicht ausreichend beantwortet ist: Wieso haben die alliierten Bomberflotten darauf verzichtet, Auschwitz zu bombardieren: die Krematorien, die Gleisanlagen, auf denen Tag für Tag Menschen zu ihrer Ermordung transportiert wurden?

Am 23. August 1944 machte ein britisches Aufklärungsflugzeug eine Luftaufnahme vom KZ Auschwitz. Man sieht die Gleisanlagen, die Baracken, den Appellplatz, die Krematorien. Man sieht eine riesige Rauchwolke, die über einer Grube aufstieg, in der man Menschen verbrannte, da zu diesem Zeitpunkt die Kapazität der Krematorien schon nicht mehr ausreichte. Dieses Bilddokument gehört zu einem Konvolut von Aufklärungsfotografien, die 2003 in den Aerial Reconnaissance Archives der Keele University entdeckt wurden. „Wie diese Bilder interpretiert wurden, ist nicht überliefert“, heißt es dazu auf der Internetseite der BBC.

Jörg Friedrich berichtet von vier jüdischen Häftlingen, denen im Frühsommer 1944 die Flucht aus Auschwitz gelang. „Sie unterrichteten ihre Gemeinde in der Slowakei von den Funktionen der Gaskammer. Die Nachricht erreichte die Schweiz und am 24. Juni die Regierungen in Washington und London, verbunden mit der Bitte um Bombardierung eines Verkehrsziels, der Gleisanlagen von Auschwitz. Dem waren die Namen von zwanzig Bahnstationen entlang dieser Gleise beigefügt.“[31]

Der Angriff fand niemals statt.

Brandnacht in Berlin: Die Reichshauptstadt war das Ziel von insgesamt 207 Bombenangriffen, an denen sich 23 407 Flugzeuge beteiligten. Den Höhepunkt erreichte die Zerstörung am 3. Februar 1945, als sich insgesamt etwa 400 Hektar Fläche in den Bezirken Mitte und Kreuzberg in ein Flammenmeer verwandelten. Der letzte Luftangriff fand am 21. April 1945 statt, am 2. Mai hatte die Rote Armee die Stadt schon weitgehend erobert.

Folgende Doppelseite: So sahen Hamburgs Wohnviertel nach der „Operation Gomorrha“ aus. Der Name war passend gewählt, denn die Hansestadt erlebte tatsächlich eine Katastrophe biblischen Ausmaßes. Im Sommer 1943 war die größte deutsche Hafenstadt Ziel einer bis dahin beispiellosen Serie britischer Luftangriffe gewesen. Der Feuersturm, der hier zum ersten Mal in großem Maßstab entfacht wurde, erfasste weite Teile der Stadt und zerstörte eine Fläche von insgesamt etwa 20 Quadratkilometern.

Operation Gomorrha: Die Erfindung des Feuersturms

Hamburg, Ende Juli 1943: Wenn die Sonne schien, empfanden die Menschen das nicht mehr als Glück. Spannte sich der weite norddeutsche Himmel wolkenfrei und in makellosem Blau über die Hansestadt, schauten die Hamburger sorgenvoll nach oben. Vor allem nachts, wenn die Sterne zu sehen waren und der Vollmond die verdunkelte Stadt in verräterisch helles Licht tauchte, hatten viele Menschen Angst und sehnten sich nach dem Nieselregen, nach den tief hängenden Wolken, dem grauen Einerlei des Hamburger Schmuddelwetters, über das sie zu normalen Zeiten nie müde wurden sich zu beklagen.

Aber die Zeiten waren längst nicht mehr normal im glutheißen Sommer des Jahres 1943. In der Nacht vom 27. auf den 28. Juli nahmen etwa 700 britische Bomber Kurs auf die zweitgrößte Stadt des Deutschen Reichs. Auf ihren Stützpunkten gestartet, formierten sich die 30 Tonnen schweren, viermotorigen Lancaster zu einem „Bomberstrom“ von mehr als 300 Kilometer Länge. Sie bildeten eine gewaltige Formation, die eigentlich vom deutschen Radar hätte geortet werden müssen.

Aber diesmal blieben die Radarposten blind, die Horchstationen taub, unfähig, die deutschen Jäger zu alarmieren, die Flak-Mannschaften zu warnen, die Verteidigung zu organisieren. Etwa 50 Kilometer, bevor die Bomber die deutsche Nordseeküste erreichten, hatten die Mannschaften damit begonnen, 24,5 Zentimeter lange und zwei Zentimeter breite Streifen aus Metallfolie abzuwerfen. Insgesamt 90 Millionen dieser Stanniolstreifen regneten vom Himmel und ließen die deutschen Radargeräte verrückt

Dieses Foto, das vermutlich im Sommer 1943 entstand, zeigt einen britischen Lancaster-Bomber beim nächtlichen Angriff auf Hamburg. Hunderte von Flakscheinwerfern erhellen den Himmel, auf dem sich die Bahnen der Leuchtspurmunition der Flakgeschütze und Nachtjäger hell abzeichnen.

Der Rumpf der Lancaster war 21 Meter lang und sehr eng. Sieben Mann Besatzung mussten sich hier hineinzwängen, darunter der Navigator. Seine Aufgabe war es, die Maschine zum Zielpunkt zu führen – was häufig misslang.

Hamburg nach den schweren Luftangriffen im Juli und August 1943: Von der Hauptkirche St. Katharinen (im Vordergrund) sind nur ausgebrannte Mauern und ein Turmstumpf geblieben. Der neugotische Turm von St. Nikolai ragt scheinbar unbeschädigt in den Himmel, doch das Kirchenschiff ist völlig zerstört.

spielen. Niemand bei der deutschen Luftabwehr konnte erkennen, wie viele Bomber unterwegs waren und welches Ziel sie sich suchten, über welche Stadt sie in dieser Nacht Tod und Verderben bringen würden. Die 80 Hamburger Flak- und 22 Scheinwerfer-Stellungen wurden damit ebenso ausgeschaltet wie die Jäger der Luftwaffe, die sonst für die schwerfälligen Lancaster-Bomber eine ernste Bedrohung waren. Diesmal versuchte niemand die Bomber aufzuhalten, deren Spitze gegen ein Uhr das Hamburger Stadtgebiet erreicht hatten.
Was konnten die jungen Männer an Bord der Lancaster aus 4000 Meter Höhe von der Stadt sehen, die sie jetzt bombardieren sollten? Was wussten sie von Hamburg? Hatten sie von der Reeperbahn gehört, von St. Pauli, vom Hafen? Hatten sie überhaupt eine Vorstellung von dem, was sie in wenigen Minuten da unten bewirken, ausrichten, anrichten würden? Die meisten von ihnen wussten nichts, und sie sahen nichts. Wie immer vor ihrem Einsatz hatte man ihnen gesagt, sie würden militärische Ziele und Anlagen der Rüstungsindustrie bombardieren. Die britischen Piloten, die Bordingenieure, Navigatoren, Funker, MG- und Bombenschützen, die stundenlang in drangvoller Enge unterwegs waren, hatten vor allem Angst – Todesangst, denn sie mussten einen in jeder Hinsicht mörderischen Job erledigen. Es waren junge Männer, meist kaum älter als 20, die sich zu insgesamt 30 Einsätzen verpflichtet hatten. Nur jeder Dritte von ihnen sollte das überleben.
Aber in dieser Julinacht über Hamburg erlitt die britische Bomberflotte kaum Verluste. Wenn die Piloten durch ihre Glaskanzeln nach unten sahen, konnten sie nicht viel von der Stadt erkennen, kaum Straßenzüge, keine Häuser, sondern nur viele Lichtpunkte, Leuchtmarkierungen in Rot, Grün und Gelb. Diese Orientierung gab ihnen ein Vorauskommando, die so genannten Pfandfinder-Flugzeuge, die, dirigiert von einem in 8000 Meter Höhe kreisenden Masterbomber, die Abwurfzone farbig absteckten. Für alle Hamburger Großangriffe von 1940 bis 1945 war die Nikolaikirche der Zielpunkt. Der mit 145 Metern nach dem Kölner Dom und dem Ulmer Münster dritthöchste Kirchturm Deutschlands, erbaut 1846–74 ausgerechnet von einem Engländer, dem Londoner Architekten John Gilbert Scott, wies den englischen Pfadfindern den Weg. „Markierungsbomben zeichnen wie ein Leuchtstift eine Fläche ins Dunkle. Die Munitionsträger entladen in diese Zeichnung hinein. Sie ist der Umriss der Vernichtung. Was innerhalb ihrer Kontur sich befinden mag, ist für den Bomber ohne Belang. Er platziert einen Abwurf in einem Leuchtrahmen. Dieser ist anzubringen, wo das Stadtzentrum vermutet wird; das besorgen Markierer, die mit dem Bomber nichts zu tun haben, während den Bomber der Zuschnitt des Maßnahmegebiets nichts angeht“, schreibt der Historiker Jörg Friedrich über die Technik der Zielmarkierung[32].
Für die Bomber-Besatzungen blieb das Ziel abstrakt, sie bombten nicht auf Straßen, Häuser, Kirchen, nicht auf Menschen, schlafende Kinder, schreiende Frauen, sondern nur auf Farbflächen. Es war zwei Minuten nach ein Uhr, als die erste Bombe abgeworfen wurde. Wahrscheinlich traf sie einen Häuserblock an der Wendenstraße in Hammerbrook, genau weiß das niemand. Was in den folgenden drei Stunden geschah, war bis dahin ohne Beispiel, erinnert an Katastrophen biblischen Ausmaßes.
Ob es Arthur Harris, Churchills Luftkriegschef, persönlich war, der sich den Decknamen „Operation Gomorrha“ hatte einfallen lassen? Im 1. Buch Mose, Kapitel 19,24–25, heißt es: „Da ließ der Herr Schwefel und Feuer regnen vom Himmel herab auf Sodom und Gomorrha und vernichtete die Städte und die ganze Gegend und alle Einwohner der Städte und was auf dem Lande gewachsen war.“ Aber in der Genesis wird auch berichtet, wie Abraham sich zuvor bei Jahwe für Sodom und Gomorrha eingesetzt hat. Wenn nur 50 Gerechte, heute würde man sagen: Unschuldige, in der Stadt lebten, solle

Gott sie verschonen. In einem dramatischen Gespräch handelt Abraham seinen Gott schließlich sogar auf nur zehn Gerechte herunter – die schließlich doch nicht zusammenkamen. Hat Arthur Harris, als er die „Operation Gomorrha" vorbereitete, ins Kalkül gezogen, wie viele Gerechte damals in Hamburg lebten? NS-Gegner, verfolgte Gewerkschafter, Sozialdemokraten, Kommunisten, versteckte und bei Luftangriffen besonders gefährdete Juden wie der spätere Schriftsteller Ralph Giordano. Hat er an die Kinder gedacht, an die alten Frauen, die ihre Männer schon im Ersten Weltkrieg verloren hatten, an die Flüchtlinge, an alle Hamburger, die Hitler nie gewählt, die sich nie am Eigentum ihrer jüdischen Nachbarn bereichert hatten? Wie viele Gerechte gab es damals unter den eineinhalb Millionen Einwohnern dieser Stadt?

Um aus Hamburg Gomorrha werden zu lassen, hatten britische Experten umfangreiche Untersuchungen angestellt, hatten die Brennbarkeit der ortsüblichen Bauweise studiert und die Bombentechnologie, die Mischung der verschiedenen Bombenarten, deren Dimensionierung und Einsatzdichte immer weiter perfektioniert. In Hamburg wurde das Zerstörungswerk durch eine besondere Wetterlage zusätzlich begünstigt. Dazu schreibt Jörg Friedrich: „In der schwülen Hochsommernacht auf den 28. Juli stand die Temperatur zwischen 20 und 30 Grad. Im Zusammentreffen von Klima, Brandmischung, Verteidigungskollaps und Blockbaustruktur trat ein, was Harris' Codewort ‚Gomorrha' der Operation unterlegte: Wie Abraham im 19. Kapitel Genesis schaute er gegen die sündige Stadt ‚und sah: Qualm stieg von der Erde auf wie der Qualm aus einem Schmelzofen'."[33]

Langsam, wie in Zeitlupe, fielen die 4000 Pfund schweren Minenbomben hinunter, die von den Engländern „Blockbuster" oder „Wohnblockknacker", von den Hamburgern aber aufgrund ihrer zylindrischen Form „Badeöfen" genannt wurden. Um eine Stadt wie Hamburg anzuzünden, um sie in einem alles verzehrenden Feuer untergehen zu lassen, musste Splitter-, Minen- und Brandmunition in genau kalkulierter Reihenfolge und Quantität abgeworfen werden. Die Sprengbomben durchschlugen Dächer, Wände, Mauern und sorgten dafür, dass die Brandbomben genügend entzündliche Nahrung finden würden. Schon wenige Minuten

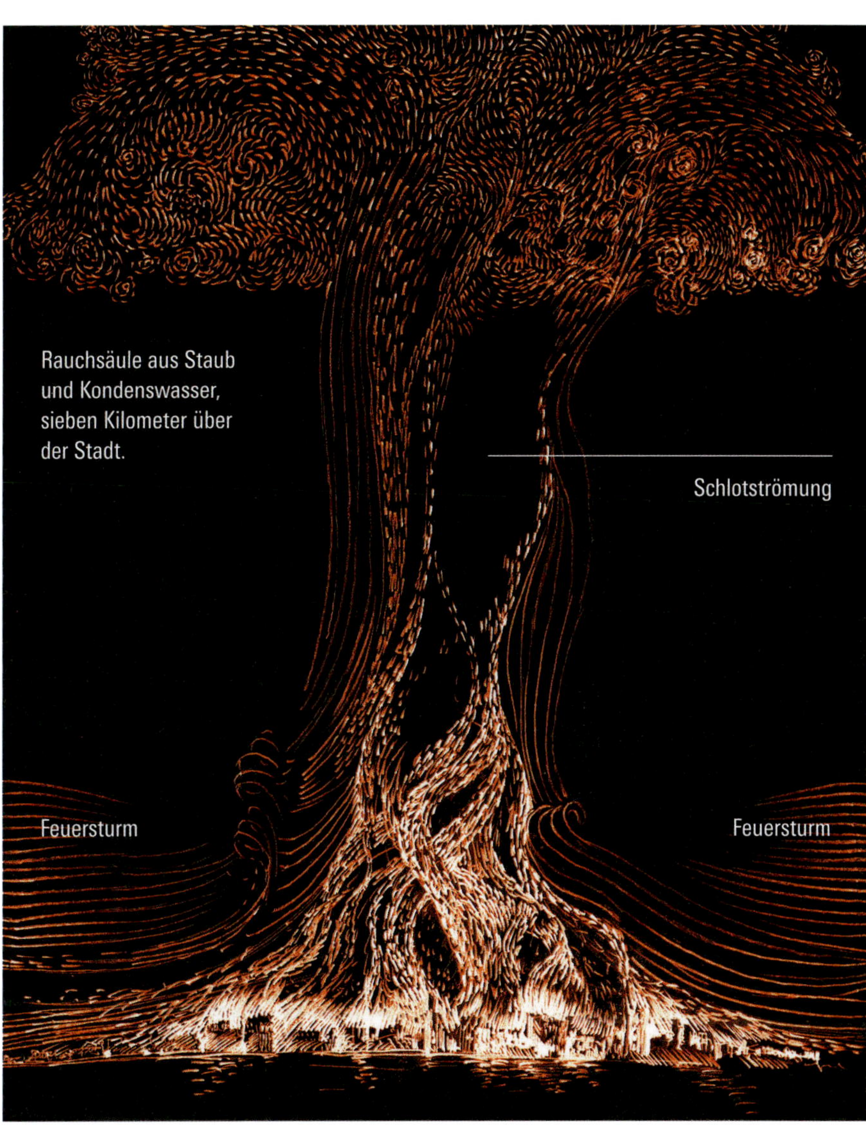

Diese schematische Darstellung erklärt den Feuersturm als physikalisches Phänomen: Wenn sich zahlreiche Brandherde vereinigen, wird die Luft so heiß, dass sie wie in einem Kamin nach oben gesogen wird. Durch diesen kilometerweiten Auftrieb entsteht am Boden ein enormer Unterdruck, der die Luft in der gesamten Umgebung mit der Stärke eines Orkans in den Brandherd saugt. Durch diese Schlotströmung erhält der Brand immer neue Nahrung. Innerhalb weniger Stunden wird alles Brennbare vernichtet.

nachdem kurz nach ein Uhr die ersten Bomben eingeschlagen waren, brannten einige Häuser, um etwa 1.15 Uhr waren es schon ganze Wohnblocks, um 1.30 Uhr bildeten Tausende von Häusern ein einziges Flammenmeer.

Während sich den Bomberbesatzungen ein unglaubliches, faszinierendes, schauerliches Schauspiel bot, das manche von ihnen an einen Vulkan in voller Tätigkeit erinnerte, war es für die Menschen in der Stadt das Inferno. Es war 2.25 Uhr, als der Dienstführer der Luftschutzleitung Hamburg in sein Protokollbuch einen neuen, bislang unbekannten Begriff eintrug: „Feuersturm". Das, was er von draußen gemeldet bekam, überstieg alle Erfahrungen früherer Bombenangriffe, es ließ sich mit keinem bis dahin gebräuchlichen Wort beschreiben.

Feuersturm bezeichnet ein physikalisches Phänomen. Es entsteht, wenn sich mehrere Brandherde vereinigen. Dann wird die glühend heiße Luft wie in einem Kamin durch ihren Auftrieb kilometerweit nach oben gewirbelt. Wasserdampf, der in höheren Luftschichten kondensiert, erhöht die Temperatur noch weiter und verstärkt dadurch den Auftrieb. Durch diesen Schloteffekt entsteht am Boden ein enormer Unterdruck, der mit unglaublicher Gewalt die Luft aus der gesamten Umgebung in den Brandherd saugt, diesem damit neuen Sauerstoff zuführt und ihn ständig neu anfacht. Mehr als fünf Stunden tobte am 28. Juli der Feuersturm, der erst abzuebben begann, als er nicht mehr ausreichend brennbare Nahrung fand. Tausende Menschen wurden von dem Sturm erfasst, mitgerissen und binnen Sekunden verbrannt. Andere erstickten in den Bunkern, wurden von Mauern oder herabstürzenden Dächern erschlagen, verschüttet, zerquetscht.

Der Angriff vom 28. Juli 1943 war der schlimmste, aber nicht der erste, der Hamburg heimgesucht hat. Vom 18. Mai 1940 bis zum 17. April 1945 war die Hansestadt Ziel von insgesamt 213 Luftangriffen. Bei der „Operation Gomorrha", also den sechs Angriffen zwischen dem 25. Juli und dem 3. August, wurden insgesamt 4491 Tonnen Spreng- und 4192 Tonnen Brandbomben auf Hamburg abgeworfen. Das kostete mindestens 34 000 Menschen das Leben, das waren 82 Prozent aller Hamburger Luftkriegsopfer. Es gab 125 000 Verletzte, und 900 000 Menschen wurden obdachlos.

Mehr als die Hälfte aller Wohnungen und ein großer Teil der öffentlichen Gebäude, Krankenhäuser, Schulen und Bahnhöfe waren zerstört. Bis Mitte August dauerte es, bevor die Strom-, Wasser- und Gasversorgung zumindest notdürftig wiederhergestellt werden konnte.

Hamburg nach dem Feuersturm im Juli 1943: Auf den Straßen liegen verkohlte Leichen.

Zerborstene Mauern, von der Hitze verbogene Stahlträger, eingestürzte Häuser, Reste einer Straßenlampe und Trümmer, so weit das Auge reicht: die Süderstraße in Hamburg im Sommer 1943

Folgende Doppelseite: Zuerst durchschlugen Sprengbomben die Dächer, dann folgten die Brandbomben, die reichlich Nahrung fanden. Übrig blieben nur die Außenmauern der Häuser, die wie Skelette anmuten. Dieses Bild zeigt Hamburg nach der „Operation Gomorrha". Im Hintergrund ist die Speicherstadt zu sehen.

Vom Märchentraum zum Albtraum: Dresden im Dritten Reich

Ende Mai 1934 kam Adolf Hitler anlässlich der Reichstheater-Festwoche nach Dresden. An allen Straßen, an allen öffentlichen Gebäuden und auch vor den Fenstern vieler Privathäuser hingen die Hakenkreuzbanner. Am 30. Mai war die gesamte Innenstadt überfüllt, auf dem Theaterplatz standen die Menschen dicht an dicht. Als Hitler auf einem offenen Wagen stehend mit ausgestrecktem rechtem Arm grüßte, antwortete die Masse mit rhythmischen „Heil"-Rufen – ein Jubel, der die Grenze zur Hysterie längst überschritten hatte.

Die 14 Jahre alte Schülerin Dorothea Jupke, die aus Neugier gekommen war, den „Führer" einmal mit eigenen Augen sehen wollte, stand mitten in der Menge. „Mein rechter Arm wurde hochgerissen. Waren das andere, oder war ich es selbst? Ich wusste gar nicht, wie mir geschah", wird sie sich später erinnern.

Hitler am 30. Mai 1934 bei einem Besuch in Dresden. Anlässlich der „Reichstheater-Festwoche" grüßt er eine „Fahnenabordnung" des „NS-Kraftfahrer Korps". Im Hintergrund ist die Semperoper zu sehen.

Anlässlich des Hitler-Besuchs wurden die historischen Gebäude der Stadt erstmals nachts angestrahlt. Der „Wochenbildbericht" des „Dresdner Anzeigers" brachte später auf dem Titel eine Fotografie der erleuchteten Kuppel der Frauenkirche und des Rathausturms. „Festlich beleuchtetes Dresden" steht darunter: „Anlässlich der Anwesenheit des Führers in Dresden waren die hervorragendsten Gebäude der Stadt in magisches Licht getaucht. Sie boten einen unerhört phantastischen Anblick." Auf den Innenseiten sind eine ganze Reihe weiterer Nachtmotive zu sehen: das Nymphenbad, die Semperoper, die Brühlsche Terrasse, Zwinger und Oper. „Dresden im Licht – ein mystisches Erlebnis! Scheinwerfer zwar sind reine Technik, haben nicht das geringste von Übersinnlichem an sich; und können doch im gespenstischen Widerspiel von Licht- und Schattenwirkung eine Welt vor unsere Augen zaubern, dass uns zumute ist, als erlebten wir ein Märchen aus Tausendundeiner Nacht", heißt es weiter.[34]

Richard Peter sen., von dem die damals veröffentlichten Aufnahmen stammen, schrieb in seinem 1961 in der DDR erschienenen Buch „Dresdener Notturno" über die Festbeleuchtung der 30er-Jahre, dass die Stadt neben ihrem Tagesgesicht noch ein zweites, „ihr Nachtgesicht", offenbarte. „Und das trug ihr bei oberflächlich-überschwänglichen Gemütern den Namen ‚Märchenstadt' ein. Die Häufung und Gedrängtheit an Kuppeln, Toren, Türmen und Überbauten in der historischen Altstadt, vom Flutlicht vieler Scheinwerfer umspült und vom Elbstrom widergespiegelt und verdoppelt, waren Anlass zu dieser Wertung." Peter schreibt weiter: „Viele Tausende Watt Licht übergossen Nacht für Nacht die historischen Bauten zwischen Brühlscher Terrasse, Rathaus, Zwinger und Opernplatz", freilich ohne zu erwähnen, dass der Anlass dieser damals völlig neuartigen Illumination ein Besuch des „Führers" gewesen war.[35]

11. Jahrgang / Nr. 25 24. Juni 1934 Einzelpreis 10 Pfennig

Dresdner Illustrierte

WOCHENBILDBERICHT DES DRESDNER ANZEIGERS

Aufn. Peter

Festlich beleuchtetes Dresden

nläßlich der Anwesenheit des Führers in Dresden waren die hervorragendsten Gebäude der Stadt in magisches Licht getaucht. Sie boten einen unerhört phantastischen Anblick

Weitere Bilder auf Seite 8/9

Die Titelseite der „Dresdner Illustrierten“ zeigt die Frauenkirche, von deren Turm die Hakenkreuzfahne weht. Im Hintergrund ist der Rathausturm zu sehen. Anlässlich des Hitlerbesuchs wurden die historischen Gebäude der Stadt im Mai 1934 erstmals nachts angestrahlt.

Waren es damals Flakscheinwerfer, die diese Lichtinstallation möglich machten?
Die Nationalsozialisten wussten Licht für ihre Propaganda äußerst wirkungsvoll einzusetzen. Doch kaum ein Dresdner wird sich im Mai 1934 vorgestellt haben, dass man schon bald Licht als tödliche Bedrohung empfinden würde. Noch war der Krieg fern, die Zeit der Verdunklung kaum vorstellbar. Die Fackelzüge der SA waren auch durch Dresden marschiert, hatten Hitlers Machtantritt am 30. Januar 1933 als „nationale Erhebung" gefeiert. Bei der Reichstagswahl am 5. März hatten in Dresden 42,27 Prozent für die NSDAP gestimmt, doch fortan sollte es nichts mehr zu wählen geben. Kurz nach der Wahl setzte Reichskommissar von Killinger die kommunistischen und sozialdemokratischen Ratsmitglieder ab und beurlaubte Oberbürgermeister Dr. Wilhelm Külz. Der geschäftsführende Bürgermeister Dr. Bührer, ein strammer Nazi, schrieb am 19. März an alle städtischen Biensteteten: „Unter dem Wehen der schwarzweißroten Fahnen und des Hakenkreuzbanners hat die nationale Erhebung auch die Stadt Dresden und ihre Verwaltung in stürmischem Vorwärtsdrang ergriffen."[36] Es sei die Pflicht aller im öffentlichen Dienst Stehenden, die „nationale Regierung in ihren Zielen mit allen Kräften zu unterstützen und bei der Durchführung ihrer Maßnahmen gewissenhaft mitzuhelfen". Widerstand würde nicht geduldet. „Ich will keine Zweifel darüber bestehen lassen, dass solche Widerstände rücksichtslos gebrochen und die beteiligten Personen von ihrer Dienststelle entfernt werden", drohte Bührer, der noch hinzufügte: „Der Kampfruf: Sieg-Heil! soll durch den Erfolg unserer Arbeit zum Wahlspruch unserer Stadtverwaltung werden!"
Der verhinderte Kunstmaler Hitler hatte auch persönliche Beziehungen zur Kunststadt Dresden. Seit 1936 lebte hier seine Halbschwester Angela Raubal, geb. Hitler (1883–1949). In zweiter Ehe hatte sie den Dresdner Architekten Martin Hammitzsch, den Erbauer der berühmten „Tabakmo-

Frauenkirche, Kunstakademie, Secundo Genitur, Ständehaus, Schloss und Katholische Hofkirche – die Dresdner Stadtsilhouette in Festillumination und davor die berühmten Seitenraddampfer. 1936 feierte die „Sächsisch-Böhmische Dampfschiffahrtsgesellschaft" mit einem Dampfschiffkorso ihr 100-jähriges Bestehen.

schee“ Yenidze (1908/09) am Altstädter Elbufer, geheiratet.[37] Über Hammitzsch, der Leiter der Dresdner Bauschule war, kam Hitler auch in Kontakt mit Hans Posse, dem Direktor der Dresdner Gemäldegalerie, der für Hitlers Kunstraubpläne später große Bedeutung erlangen sollte. Posse, ein exzellenter Kunsthistoriker, Spezialist vor allem für italienische und niederländische Renaissance, war seit 1913 Direktor der Galerie. Anfang der 20er-Jahre war er mit dem damals als Akademieprofessor beschäftigten Oskar Kokoschka eng befreundet, mit dem er auch gemeinsam eines der Kavalierhäuschen im Großen Garten bewohnte. Posse kaufte sechs Bilder von Kokoschka für die Galerie und stellte ihn – neben anderen wichtigen Künstlern der Moderne – 1922 auf der XIII. Biennale in Venedig und 1926 auf der Internationalen Kunstausstellung in Dresden aus. Die Tatsache, dass Posse mit dem „entarteten Künstler“ Kokoschka Umgang pflegte und auch die Werke von Otto Dix und anderen missliebigen Malern schätzte, machte ihn dem sächsischen Gauleiter Martin Mutschmann äußerst verdächtig. Dabei hatte auch die Dresdner Gemäldegalerie die vorgeschriebenen „Säuberungen“ 1937 pflichtgemäß durchgeführt. Aus der weltberühmten Sammlung verschwanden 57 bedeutende Bilder, darunter alle sechs Kokoschka-Gemälde. Das Kupferstichkabinett verlor 333 graphische Blätter, 28 Zeichnungen und zwölf Bücher mit Originalillustrationen, die Skulpturensammlung verlor 24 Kunstwerke, darunter Ernst Barlachs „Frierende“. Die Kunstwerke wurden teilweise vernichtet, zum Teil aber auch ins Ausland verkauft.

Im März 1938 wurde Posse auf Betreiben von Mutschmann durch das zuständige Ministerium suspendiert. Als Hitler am 18. Juni 1938 die Gemäldegalerie besuchte, erkundigte er sich nach deren berühmtem Generaldirektor. Vier Tage später rief man Posse erneut ins sächsische Ministerium für Wissenschaft, Erziehung und Volksbildung – diesmal, um ihn wieder in sein Amt einzusetzen. Vorausgegangen war Ende Mai/Anfang Juni ein Urlaub des Ehepaars Martin und Angela Hammitzsch auf dem Berghof in Berchtesgaden, wo es Gelegenheit gegeben haben dürfte, Hitler auf Posses Suspendierung hinzuweisen, zumal die Familien Hammitzsch und Posse befreundet waren. Aber auch der Berliner Kunsthändler Karl Haberstock hatte Hitler auf den Dresdner Galeriedirektor aufmerksam gemacht. Mit Posse, der schon 1933 in die NSDAP eingetreten war, hatte Hitler besondere Pläne. Am 26. Juni 1939 erließ der „Führer“ das folgende Dekret:

„Ich beauftrage Herrn Generaldirektor Dr. Hans Posse, Dresden, mit dem Aufbau des neuen Kunstmuseums für die Stadt Linz/Donau. Alle Partei- und Staatsdienststellen sind verpflichtet, Herrn Dr. Posse bei der Erfüllung seiner Aufgaben zu unterstützen. gez. Adolf Hitler“

Posse, der sich nun „Direktor der Gemäldegalerie Dresden und Sonderbeauftragter des Führers“ nennen durfte, ging mit viel Eifer und wenig Skrupeln ans Werk und erwarb oder beschlagnahmte, meist unter eindeutig rechtswidrigen Umständen, etwa 1200 Bilder für Hitlers geplantes gigantisches Kunstmuseum. Schon unmittelbar nach dem Sieg über Polen unternahm Posse im November 1939 eine Inspektionsreise durch das besetzte Land. In Krakau ließ er unter anderem das berühmte Leonardo-Bild „Die Dame mit dem Hermelin“ sowie je ein Gemälde von Raffael und Rembrandt für das „Führermuseum“ beschlagnahmen. Er dachte aber auch an Dresden und ließ barocke Einrichtungen aus dem Warschauer Stadtschloss für die Ausstattung von Pavillons im Zwinger reservieren.

Bis heute sind die Provenienzen vieler dieser Bilder ungeklärt. Die in Magdeburg ansässige Koordinierungsstelle für Kulturgutverluste, die gemeinsam von Bund und Ländern finanziert wird, bemüht sich unter anderem mit dem Projekt Lost Art Internet Database (www.lostart.de) um die „Erfassung von Kulturgütern, die infolge der national-

Hans Posse (1879–1942), Dresdner Galeriedirektor und ursprünglich ein enger Freund und Förderer von Oskar Kokoschka, setzte seine Karriere unter Hitler fort. Als „Sonderbeauftragter des Führers“ raubte er in Deutschland und den besetzten Ländern zahlreiche Kunstwerke für das von Hitler geplante Kunstmuseum in Linz.

sozialistischen Gewaltherrschaft und der Ereignisse des Zweiten Weltkriegs verbracht, verlagert oder – insbesondere jüdischen Eigentümern – verfolgungsbedingt entzogen wurden". Dabei spielt der im Wesentlichen von Posse zusammengetragene Bestand des „Führermuseums" die wichtigste Rolle. Hans Posse starb am 7. Dezember 1942 an Krebs, er erhielt ein Staatsbegräbnis, Trauerredner war Propagandaminister Joseph Goebbels.[38]

In seinem kürzlich erschienenen Buch „Dresden: Tuesday 13 February 1945" bezeichnete der britische Autor Frederick Taylor Dresden als „nazifizierte Stadt". Das ist sicher richtig, aber nur unter Berücksichtigung der Tatsache, dass während der totalitären NS-Herrschaft alle deutschen Städte „nazifiziert" waren. Eine Sonderrolle hat Dresden nicht gespielt. Bei den für die weitere politische Entwicklung höchst entscheidenden Reichstagswahlen von 1932 nahm Dresden unter den 39 Städten mit mehr als 100 000 Wahlberechtigten den 16. Platz ein – ein durchschnittliches Ergebnis. Etwas anders sieht es allerdings aus, wenn man Dresden mit den Städten seiner Größenklasse vergleicht, nämlich Köln, Leipzig, München, Breslau, Essen und Frankfurt am Main. Hier steht die sächsische Hauptstadt nach Breslau auf Platz zwei. Dennoch ist die Behauptung, Dresden sei eine reine Nazi-Hochburg gewesen, sicher falsch.[39]

Wie schnell sich gleichwohl das kulturpolitische Klima wandelte, wie Toleranz, Liberalität und Humanität schon 1933 auf der Strecke blieben und sich die NS-Ideologie in allen Institutionen ausbreitete, hat der jüdische Dresdner Romanist und Philologe Victor Klemperer in seinem Buch „LTI" (Lingua Tertii Imperii – Die Sprache des Dritten Reiches) und vor allem in seinen Tagebüchern so präzis wie anschaulich geschildert.

Bereits am 7. März wurde Dresdens weltberühmter Generalmusikdirektor Fritz Busch von den Nationalsozialisten vertrieben. Als er am Abend in der Semperoper eine „Rigoletto"-Aufführung dirigieren wollte, schrien SA-Leute aus dem Publikum „Nieder mit Busch! – Verräter, raus!" „Die Mitglieder der Sächsischen Staatskapelle, die mich vor elf Jahren einstimmig zu ihrem Leiter gewählt hatten, saßen blass und schweigend an ihren Plätzen", erinnerte sich Busch, der mit seiner Familie nach Argentinien emigrierte und 1951 in London starb.[40]

Gründlich „gereinigt" wurde auch die Kunstakademie, in der unter anderem auch Otto Dix sein Lehramt verlor. Bereits im September 1933 fand im Lichthof des Neuen Rathauses die Propagandaausstellung „Spiegelbilder des Verfalls in der Kunst" mit Werken unter anderem von Dix, Kokoschka, Felixmüller und Schmidt-Rottluff statt. Damit sollte die gesamte klassische Moderne als „entartete Kunst" diffamiert werden. Die Dresdner Schau wurde zum Vorbild für die vier Jahre später in München eröffnete große Propagandaausstellung „Entartete Kunst".

Früher als in vielen anderen deutschen Städten, nämlich schon am 8. März 1933, kam es in Dresden zu einer Bücherverbrennung. Vor dem Gebäude der „Dresdner Volkszeitung" wurden die Werke missliebiger Autoren auf dem Scheiterhaufen verbrannt. Eine zweite Bücherverbrennung fand am 10. Mai vor dem Hauptgebäude der Technischen Hochschule statt.[41]

Am 1. April 1933 strömten viele Dresdner auf die Prager Straße, die schickste Einkaufsmeile der sächsischen Hauptstadt, um zu sehen, was es mit dem von der NS-Propaganda seit Tagen angekündigten „Juden-Boykott" auf sich hatte: Die Schaufenster jener Läden, die nach den Rassenvorstellungen der Nationalsozialisten als jüdisch galten, waren mit wüsten Parolen beschmiert. Davor standen SA-Männer, um jene am Eintreten zu hindern, die sich dennoch nicht hatten einschüchtern lassen. Aber die meisten Geschäfte waren ohnehin geschlossen. Dazwischen gab es geöffnete Läden, deren Besitzer rote Zettel an Eingangstüren und Schaufenster geheftet hatten. Darauf stand:

„Anerkannt deutschchristliches Unternehmen“.
Wie überall in Deutschland begann nun auch in Dresden die so genannte „Arisierung“, die historisch beispiellose Beraubung einer ganzen Bevölkerungsgruppe. Während die Juden, aber auch Sinti und Roma, Homosexuelle und alle politisch Andersdenkenden immer neuen Repressalien und Verfolgungen ausgesetzt waren, etablierten sich in der Stadt die nationalsozialistischen Machtstrukturen. Die Bevölkerung passte sich an, Unmut oder Kritik wurde – wenn überhaupt – nur hinter vorgehaltener Hand geäußert. Wer öffentlich Kritik übte, verschwand im Gefängnis oder im Konzentrationslager.
Wie unter jeder diktatorischen Herrschaft gab es auch in der NS-Zeit eine Kultur des politisches Witzes. Während des Krieges erzählte man sich in Dresden unter anderem die folgende – sicherlich erfundene – Geschichte: Diebe hätten aus dem Garten des sächsischen Gauleiters Martin Mutschmann eines Nachts alle Gänse gestohlen und ein Schild zurückgelassen mit der Aufschrift: „Vom Feindflug nicht zurückgekehrt“.
1937 wurde Dresden durch einen Erlass Hitlers in die Reihe jener Städte aufgenommen, die – wie Nürnberg, München, Berlin, Hamburg oder Linz – durch aufwändige städtebauliche Maßnahmen umgestaltet werden sollten. Die Planungen der NS-Architekten hätten den historisch gewachsenen Stadtgrundriss in weiten Teilen zerstört. „Dresdens künftiger Mittelpunkt soll der Adolf-Hitler-Platz mit den Bauten der Partei sein“, hieß die Maxime eines städtebaulichen Projekts, das aber glücklicherweise nicht einmal begonnen werden konnte.
Am 9. November 1938 wurden auch in Dresden jüdische Kaufhäuser, Geschäfte und

Alltag im Nationalsozialismus: Die SA zwingt Menschen jüdischer Herkunft, politische Losungen, die NS-Gegner an eine Mauer geschrieben hatten, zu beseitigen.

Ein Fanal gegen die Freiheit des Geistes: Am 8. März 1933 veranstalteten die Nazis vor dem Gebäude der sozialdemokratischen „Dresdner Volkszeitung“ eine Bücherverbrennung.

Der Altmarkt mit Rathausturm, Kreuzkirche und dem Denkmal der Germania, die an den Sieg im deutsch-französischen Krieg von 1870/71 erinnerte, auf einem Foto von 1937. Nach dem Angriff vom 13./14. Februar wurden hier die Leichen der Opfer verbrannt.

Wohnungen zerstört. Es kam zu Gewaltexzessen von bislang ungekanntem Ausmaß. Auch die Synagoge, Gottfried Sempers einziger ausgeführter Sakralbau, brannte in dieser Nacht. Dazu schrieb der Dresdner Maler Otto Griebel (1895–1972): „In der Nähe des Terrassenufers stieg dünner, schwarzer Rauch hoch. Ich machte mich auf, um selbst zu sehen, was geschehen war. Mein Weg führte über die Bürgerwiese und Ringstraße zum Pirnaischen Platz, schließlich zur Synagoge, die ausgebrannt und noch rauchend dastand. Daneben gewahrte ich zwei der großen modernen Motorspritzen, deren Besatzungen inmitten einer großen Gaffermenge untätig herumsaßen. In der Menge entdeckte ich auch einen kleinen, alten Fürsorgeempfänger, ein bärtiges, hinkendes Männlein, dem Franz Hackel und ich den Namen ‚Der Diogenes von Dresden' gegeben hatten, weil er immerfort am Elbestrand in der Sonne lag und alles verfolgte, was in der Stadt so vor sich ging. Wir waren vom ‚Stempelpark' her gute Bekannte, und als mich der Alte nun erblickte, meinte er fast beschwörend und mit blitzenden Augen: ‚Dieses Feuer kehrt zurück. Es wird einen großen Bogen gehen und wieder zu uns kommen!' Dann entschwand er."[42]

Die 1838–40 von Gottfried Semper erbaute Dresdner Synagoge nach ihrer Zerstörung in der Pogromnacht vom 9. November 1938. Der Feuerwehrmann Alfred Neugebauer rettete einen der beiden vergoldeten Davidsterne, versteckte ihn während des Krieges und übergab ihn später der Jüdischen Gemeinde. Jahrzehntelang schmückte er die Kuppel der 1950 erbauten Interimssynagoge an der Fiedlerstraße, befindet sich aber jetzt über dem Eingang der 2001 geweihten neuen Dresdner Synagoge.

Unter der Überschrift „Der Judentempel niedergebrannt" schrieb eine Dresdner Zeitung tags darauf scheinheilig: „In der Nacht zum Donnerstag gegen 2.10 Uhr wurde die Feuerwehr nach dem Zeughausplatz gerufen. Dort stellte sie fest, dass in der Synagoge ein Feuer ausgebrochen war, das in dem völlig ausgetrockneten Gestühl des Judentempels rasend um sich griff. Innerhalb kürzester Zeit stand die gesamte Synagoge in Flammen, so dass es den Feuerwehrmännern nicht mehr möglich war, in das Innere einzudringen."[43]

Deutlicher war die Berichterstattung im „Freiheitskampf", der offiziellen Dresdner NS-Zeitung, die zu dem architekturgeschichtlich bedeutenden Semper-Bau anmerkte: „Schon seit langem wurde dieser Ort der Talmudanbeter auch in baulicher Hinsicht als ein Schandfleck in unserer schönen Stadt empfunden." Und zur Reaktion der Angehörigen der Jüdischen Gemeinde, die die Zerstörung ihrer Synagoge voller Bestürzung und Trauer verfolgten, schrieb das Blatt: „Die feige dienernde Judenschaft benahm sich angesichts der empörten Volksmenge ekelerregend."[44] Von den etwa 6000 Juden, die vor Beginn der NS-Zeit in Dresden wohnten, erlebten nur zwölf die Befreiung im Mai 1945 in der Stadt.[45]

1939, sechs Jahre nachdem er aus der sächsischen Hauptstadt vertrieben worden war, malte Otto Dix das Bild „Lot und seine Töchter": Im Hintergrund dieser alttestamentlichen Szene, in der die beiden Töchter den trunkenen Vater verführen, ist Dresden als das brennende Sodom dargestellt – hellsichtige Vision und düstere Prophetie. Sechs Jahre später wurde sie Wirklichkeit.[46]

W. METZLER
W. METZLER
Rothes Bierstuben
FLANELL
Handschuhe
MARIEN APOTHEKE
SEIDE
CARL SCHNEIDER
Gebr. Wohlauf
W. Metzler
Batterien
ADOLPH HESSEL

Auf diesem 1930 entstandenen Luftbild ist die architektonische Struktur der Alt- und Neustadt mit ihren berühmten Bauten gut zu erkennen. Im Vordergrund links erkennt man den Zwinger, rechts daneben die doppeltürmige Sophienkirche. Im Gegensatz zu vielen anderen kriegszerstörten historischen Gebäuden der Innenstadt konnte sie später nicht wieder aufgebaut werden. Die SED hatte die Ruine sprengen und das Areal neu bebauen lassen.

Folgende Doppelseite: Dieser berühmte Blick auf die Altstadt wurde 1937 von der Marienbrücke aufgenommen. Hinter den Bögen der Augustusbrücke ragt die Frauenkirche auf. Rechts daneben die Türme des Ständehauses, der Hofkirche, der Rathausturm, der Hausmannsturm des Schlosses und im Hintergrund die Kreuzkirche

HOTEL BELLEVUE

Churchills Tante: Phantastische Gerüchte und bittere Wahrheiten

Auf die Städte im Rheinland fielen Bomben, auf Köln, aber auch auf Berlin, Kiel und Hamburg. Aber in Dresden gab es nur ab und zu nachts Fliegeralarm: 1940 elfmal, 1941 siebenmal, 1942 ganze viermal.[47] Während im Sommer 1943 Hamburg in der „Operation Gomorrha“ in Flammen aufging, konnten die Dresdner ungestört schlafen. Bis auf die Feuerwehrleute, die nach Hamburg geschickt worden waren, um am aussichtslosen Kampf gegen die Flammen teilzunehmen. Am 28. Juli 1943 um 11.40 Uhr heulten in Dresden die Sirenen. Der 36. Fliegeralarm des Krieges war der erste, der am Tag ausgelöst wurde. Aber schon um zwölf Uhr war alles wieder vorbei, die amerikanischen Flieger hatten Dresden gar nicht im Visier gehabt, sondern waren auf dem Weg zu den Fieseler Flugzeugwerken in Kassel-Bettenhausen.[48]

Fast ungläubig lasen die Dresdner in den Zeitungen von den zerstörten deutschen Städten, sahen die – stets zensierten – Bilder in der Wochenschau und hörten die Berichte von Ausgebombten. Während der „Luftschlacht um Berlin“ im Herbst und Winter 1943 gab es auch in Dresden häufig Fliegeralarm, aber Bomben fielen nicht. Frankfurt am Main, Mannheim, Stuttgart, Magdeburg, Stettin und viele andere deutsche Städte wurden angegriffen, nur Dresden blieb verschont. Im Dezember 1943 fiel Leipzig, die nur knapp 100 Kilometer von Dresden entfernte Messestadt, einem schweren Bombenangriff zum Opfer, der weite Teile der Innenstadt zerstörte. Insgesamt 1717 Zivilisten kamen dabei ums Leben. Dieser Angriff erschütterte die Dresdner Bevölkerung weit mehr als alle anderen, weiter entfernten Katastrophen. In einem Zeitungsbericht wird die offizielle Trauerfeier, die als schaurige Zeremonie vor dem Völkerschlachtdenkmal zelebriert wurde, folgendermaßen beschrieben:

„In den späten Morgenstunden des zweiten Weihnachtsfeiertages wallte Leipzigs Bevölkerung hinaus zu dem gewaltigen Denkmal der Völkerschlacht. Die unteren und oberen Dammwege vor dem Denkmal sind bald angefüllt von dunklen Menschenmauern. Oben an der Michaels-Terrasse sind zwei riesige, schwarz umkleidete, mit dem Eisernen Kreuz geschmückte Pylonen errichtet. Die Flammen in den Pfannen lodern hell gegen den düsteren Dezemberhimmel. Zu den Füßen der Terrasse liegt der gewaltige, den Gefallenen gewidmete Kranz. Auf der Terrasse selbst nehmen rechts und links die Hinterbliebenen der Gefallenen Platz, die meisten mit Kranz- und Blumenspenden in den Händen; in der Mitte haben sich hervorragende Vertreter aller Gliederungen der Partei, des Staates, der Wehrmacht und der Stadt versammelt. Tiefer Ernst liegt über den Gesichtern der Menschen. Aber es ist keine Trauer, die sich willenlos dem Schmerz über das Erlittene hingibt, aus den Mienen leuchtet vielmehr jene trotzige Entschlossenheit, die aus dem Leid neue Kraft schöpft, und auf den herb zusammengepressten Lippen liegt ein unausgesprochenes ‚Nun erst recht!‘. Dieses ‚Nimmer sich beugen, kraftvoll sich zeigen‘ war denn auch der Grundakkord, der durch die Ehrenfeier sieghaft klang.“[49]

Trotzdem wiegten sich die Dresdner auch weiterhin in trügerischer Sicherheit. Da nichts geschehen war, würde die Stadt, die ihre Einwohner gern „Reichsluftschutzkeller“ nannten, auch in Zukunft verschont bleiben.

Sachliche Gründe für diese Hoffnung gab es nicht, dafür aber eine ganze Reihe phantastischer Gerüchte: Jene, die den Krieg längst verloren gaben, meinten zu wissen, dass Dresden entweder zum Hauptquartier der Siegermächte gemacht oder an die Tschechoslowakei abgetreten werden würde. Andere hatten scheinbar sichere Informationen über Geheimverhandlungen in der Schweiz, die dazu geführt hätten, dass Dresden zur „offenen Lazarettstadt“ erklärt wor-

Luftschutzübungen wie hier auf der Potsdamer Straße in Berlin sollten die deutsche Bevölkerung mit den Bedrohungen des Luftkriegs bekannt machen. Vor allem in Dresden betrachteten das viele Einwohner nur als lästige Pflichtübung. Die Meinung, dass Dresden vom Bombenkrieg verschont bleiben würde, war weit verbreitet.

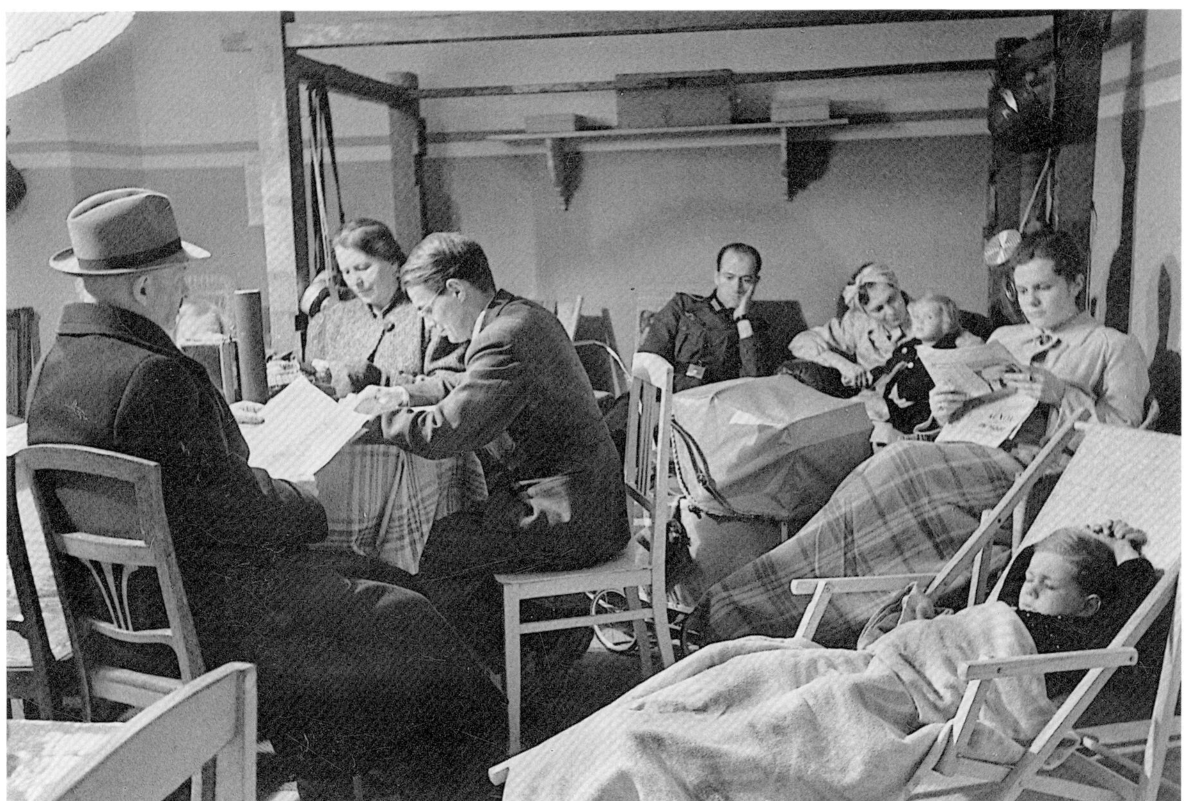

„Volksgemeinschaft“ unter der Erde: Berliner während eines Bombenangriffs im Luftschutzkeller. In Dresden war der Bau von Luftschutzräumen sträflich vernachlässigt worden. Für sich und seine Familie hatte der sächsische Gauleiter Martin Mutschmann allerdings einen besonders sicheren Luftschutzbunker errichten lassen.

den sei. Andere meinten, die Stadt würde aufgrund ihrer prachtvollen Bauwerke und Kunstschätze bewusst verschont. Am meisten verbreitet war jedoch die zugleich unglaublichste Geschichte: Im Schweizer Viertel hinter dem Hauptbahnhof, erzählte man sich hinter vorgehaltener Hand, wohne eine Tante des britischen Kriegspremiers Winston Churchill.

Dass ein solches Gerücht überhaupt aufkommen konnte, hatte historische Ursachen: Schon im 18. Jahrhundert war die sächsische Residenz zu einem beliebten Reiseziel geworden. Der im Augusteischen Zeitalter begründete Ruf einer europäischen Kunstmetropole lockte Reisende aus vielen Ländern an. Waren es zunächst vor allem Gäste des Hofs, Musiker, Maler und Literaten, erweiterte sich der Besucherkreis im 19. Jahrhundert beträchtlich. Aufgrund der verbesserten Verkehrsbedingungen wurde Dresden zu einer wichtigen Station im europäischen Bildungstourismus. Anfang des 20. Jahrhunderts gab es in Dresden fünf Gesandtschaften und 32 Konsulate, die nicht nur Touristen betreuten, sondern auch eine größere Zahl meist wohlhabender Ausländer, die dauerhaft hier lebten. Neben Russen waren das vor allem Engländer und Amerikaner, die überwiegend im Schweizer Viertel, einem Villenquartier direkt hinter dem Hauptbahnhof, wohnten.

Auch im Luftschutzraum galt das Führerprinzip: Dort hatte der Luftschutzwart die Befehlsgewalt. Dieses 1944 entstandene Foto zeigt einen Luftschutzwart, der die Anwesenden im Schutzraum durchzählt.

Da sie sich im evangelisch-lutherischen Dresden konfessionell nicht integrierten, fiel ihre Anwesenheit auch architektonisch ins Auge – durch den Bau eigener Kirchen. In einem Zeitraum von 15 Jahren entstanden Ende des 19. Jahrhunderts vier Ausländerkirchen, die nahe beieinander in einem Gebiet von weniger als einem Quadratkilometer errichtet wurden, neben der russisch-orthodoxen Kirche (1874) gleich drei Gotteshäuser für englischsprachige Gemeinden: die von dem Londoner Architekten John Piers St. Aubyn entworfene anglikanische „All Saints Church“ (1869), die „American Church of St. John“ (1883) und die 1884 erbaute Kirche der schottisch-presbyterianischen Gemeinde.[50]

Als „feindliche Ausländer“ waren die wenigen Angehörigen der amerikanischen und englischen Kolonie, die Dresden nach Kriegsbeginn nicht verlassen hatten, strengen Restriktionen ausgesetzt. Churchills Tante hat allerdings nie in Deutschland gelebt. Sie hieß Cornelia und war die jüngere Schwester von Churchills Vater Randolph. Sie starb 1927, 18 Jahre vor der Zerstörung Dresdens.[51]

Da sich die Dresdner in Sicherheit wähnten, betrachteten viele Einwohner der Stadt die Luftschutzmaßnahmen als lästige und überflüssige Pflicht. Man sah sich zwar die Lehrfilme des Reichsluftschutzbundes an, lernte den Gebrauch von Gasmasken, Löschsand und Feuerpatschen. Aber auch die Verantwortlichen in Partei und Staat teilten die eher sorglose Haltung in Bezug auf Luft-

schutzmaßnahmen. Im Gegensatz zu vielen anderen deutschen Städten gab es in Dresden nur wenige sichere Luftschutzkeller und kaum öffentliche Bunker. Trotz der bitteren Erfahrungen fast überall in Deutschland missachteten die verantwortlichen Stellen in Dresden die Sicherheit der Bevölkerung in fast krimineller Weise. Dazu schreibt Götz Bergander in „Dresden im Luftkrieg", dem bis heute wichtigsten Buch zu diesem Thema:
„Wenn in Dresdner Wohnhäuser irgendwo sichere Luftschutzräume eingebaut wurden, entstanden sie allein dank privater Initiative. Das Musterexemplar eines Luftschutzkellers befand sich im Wohn- und Verwaltungsgebäude der Firma Bramsch in der Friedrichstraße. Unter der Kellerdecke waren kreuzweise Eisenträger eingezogen und durch Mauerpfeiler abgestützt worden. Es gab eine Gasschleuse, stählerne gummiabgedichtete Türen und Fensterblenden, Notausstiege, eigenes Telefon zum Werkluftschutzraum, eine kleine Sanitätsstation. Und es darf als typisch für die Stimmung in Dresden gelten, dass dieser vorbildliche LS-Raum noch 1943 belächelt wurde: warum dieser Aufwand, wo doch nichts passieren würde, die Bauherren seien wohl übertrieben ängstlich."[52]
Einer, der es schon dank seiner angehäuften Ämter besser wusste, tat dennoch nichts für die Dresdner, wohl aber für sich und die eigene Familie: Martin Mutschmann, Gauleiter von Sachsen, Reichsstatthalter und Reichsverteidigungskommissar, aufgrund seiner Selbstherrlichkeit in der Bevölkerung „König Mu" genannt, ließ im Garten seiner Villa in der Comeniusstraße und auf seinem Gut in Grillenburg solide Privatbunker bauen, bei denen die neuesten Erkenntnisse des Luftschutzes berücksichtigt wurden.
Das Schweizer Viertel, in dessen Villen jahrzehntelang viele englische und amerikanische Familien gelebt hatten, wurde bei den englischen und amerikanischen Bombenangriffen vom 13./14. Februar 1945 zerstört. Dabei sanken auch alle drei englischsprachigen Kirchen in Trümmer.[53]

Vorboten des Infernos: Die ersten Bomben

Der 24. August 1944 war ein heißer Sommertag mit strahlend blauem Himmel. In der Elbe badeten Kinder, der Krieg schien unendlich fern zu sein. Am späten Vormittag wurden die Mannschaften der Dresdner Flak durch die Meldung „Kampfverbände über Magdeburg mit Kurs Dresden" aufgeschreckt. Um 11.10 Uhr gab es den Befehl zur Feuerbereitschaft, um 11.35 Uhr öffentliche Luftwarnung, zehn Minuten später schließlich Fliegeralarm.[54]
Allzu ernst nahmen die Menschen den Alarm nicht, schließlich hatten die Sirenen schon oft geheult, ohne dass etwas passiert war. Aber diesmal kamen tatsächlich Flugzeuge. Einige Dresdner betrachteten das Nahen der US-Bomber, die von der Flak ohne großen Erfolg unter Feuer genommen wurden, als interessantes Schauspiel. Sie beobachteten auch, wie die so genannten Fliegenden Festungen ihre Bomben ausklinkten. Die Luftschutzleitung registrierte „Bombenabwürfe in Martha Heinrich sieben", das war nicht Dresden, sondern Freital. Aber Freital, eine erst 1924 durch die Zusammenlegung verschiedener Gemeinden im Plauenschen Grund entstandene Industriestadt, lag in direkter Nachbarschaft zur sächsischen Hauptstadt und war mit der Dresdner Straßenbahn zu erreichen. In nicht mehr als sechs Minuten, nämlich von 12.59 bis 13.05 Uhr, warfen 62 B-17-Bomber aus 8400 bis 8800 Meter Höhe insgesamt 620 Sprengbomben ab. Über einem Industriebetrieb, der Rhenania Ossag AG, stieg die schwarze Rauchwolke eines Ölbrandes auf, aber der größte Teil der Bomben traf den ländlichen Ortsteil Birkigt, schlug in Feldern, Gärten, aber auch in Bauernhöfen, Scheunen, Ställen und Wohnhäusern ein. Insgesamt 241 Menschen starben. Auch auf Alt-Coschütz fielen Bomben, allerdings ohne größere Schäden anzurichten. „Obwohl Coschütz innerhalb der Stadtgrenzen lag, taten die Dresdner, als gehe sie das nichts an", schrieb Götz Bergander.[55]
Etwa sechs Wochen später ließ sich die Realität des Bombenkriegs auch in Dresden nicht länger ignorieren. Am 7. Oktober 1944 wurde um 11.40 Uhr Luftwarnung ausgelöst, 20 Minuten später heulten wieder die Sirenen, die zum ersten Mal tatsächlich Tod und Verderben ankündigten. Der Beobachter, der auf dem Turm der Ortskrankenkasse am Palaisplatz postiert war, sichtete gegen 12.30 Uhr die ersten Flugzeuge, die in 6000 Meter Höhe aus südlicher Richtung das Dresdner Stadtzentrum anflogen.
Es waren nur 29 B-17-Flugzeuge der 303. US-Bombergruppe, die sich „Hell's Angels" (Höllenengel) nannten. Sie warfen 290 500-Pfund-Sprengbomben ab, und zwar auf den innerstädtischen Bereich zwischen Marienbrücke, Postplatz, Falkenstraße und Bahnhof Mitte. Der Reserve-Oberwachtmeister der Schutzpolizei Werner Ehlich tat

Solche Bilder hatten die Dresdner vorher nur in der Wochenschau gesehen, doch am 7. Oktober 1944 wurden auch sie mit der Realität des Bombenkriegs konfrontiert. Zerstört wurden Wohnhäuser wie hier an der Ecke Reinhardtstraße/Wettiner Straße.

an diesem Tag im 6. Polizeirevier im Stadthaus in der Theaterstraße Dienst. Als Augenzeuge erinnert er sich 1985 in einem Beitrag für die Dresdner Tageszeitung „Die Union“ folgendermaßen:
„Nach dem Angriff setzte sofort ein starker Zustrom vom Hilfesuchenden im Stadthaus am Queckbrunnen ein. Schutz- und Feuerschutzpolizeikräfte sowie Sanitäts- und Instandsetzungskräfte waren unverzüglich alarmiert worden. Ab 14 Uhr konnte das Schadensgebiet abgesperrt werden. Im Bereich des damaligen 6. Polizeireviers waren als Tote 54 männliche und 96 weibliche Zivilpersonen, 27 Kinder, ein Wehrmachtsangehöriger, eine weibliche Wehrmachtsangehörige und eine Person unbestimmbaren Geschlechts zu beklagen, auf der Peschelstraße in Neustadt neun Personen, bei der A. G. vorm. Seidel und Naumann (Hamburger Straße) 51 und im Luftschutzkeller des Bahnhofes Dresden-Friedrichstadt 20. Man sprach von 260 bis 270 Toten insgesamt.“ Der Leiter der Begräbnismaßnahmen meldete später die Zahl von 257 „Gefallenen“.
Ein Brautpaar, das in den Mittagsstunden des 7. Oktober heiraten wollte, wurde gemeinsam mit den Blumenstreukindern, deren Mutter und der Mutter des Bräutigams im Haus Fischhofplatz 14 getötet. Die kirchliche Trauung sollte um 14.30 in der Annenkirche stattfinden. Als die Hochzeitsgesellschaft dort nach dem Angriff eintraf, musste sie einen Trauergottesdienst feiern.
Zur Schadensbilanz schrieb Werner Ehlich: „Die Straßenbahn musste vorübergehend umgeleitet werden, da auf der Wettinerstraße (Schweriner Straße) und auf der Ostra-Allee (Grimau-Allee) sich die Schienen verbogen hatten und an der Mündung der Käufferstraße in die Wettinerstraße (...) ein riesiger Krater gähnte. Auch manch andere Straßenfront war aufgerissen worden. 65 Gebäude wurden total zerstört, 53 schwer und 91 mittelschwer, 560 leicht beschädigt. Das Gewerbehaus, in dem einst die Konzerte der Philharmonie, Vorträge des Gewerbevereins und auch zahlreiche Bälle stattgefunden hatten, brannte bis auf die im Keller gelegenen Garderoben nieder. Zerstört wurde auch das Tierkundliche Museum, das einstige Haus der Freimaurer-Loge (gegenüber vom Zwingerteich). Einen Volltreffer hatte auch der linke Flügel des Wettiner Gymnasiums (heute Fritz-Heckert-Platz) erhalten. Von den Mauerresten des ‚Tivoli-Palastes‘, der zuvor ein Kino war, wehten noch lange bunte Girlanden.“[56]
Schon kurz nach dem Angriff kamen Schaulustige aus allen Stadtteilen, um die Schäden mit eigenen Augen zu sehen. Sie kamen mit der Straßenbahn oder zu Fuß. Da die Polizei allen Unbeteiligten den Zutritt verwehrte, staute sich an der Absperrung Große Zwingerstraße/Postplatz bald eine größere Menschenmenge.
Für Dresdens erste Bombenopfer gab es am 13. Oktober auf dem Matthäusfriedhof eine große Trauerfeier. Die Menschen, die daran teilnahmen, konnten nicht ahnen, dass ihrer Stadt noch viel Schlimmeres bevorstand, dass sie auf den Tag genau vier Monate später im Feuersturm untergehen würde.

Vor dem Feuersturm: Viele Flüchtlinge und keine Flak

In der zweiten Hälfte des 19. Jahrhunderts war mit der Albertstadt im Norden von Dresden ein riesiges Militärgelände entstanden, mit zahlreichen Kasernen und der 1893–1900 von den Architekten William Lossow und Hermann Viehweger errichteten Garnisonkirche, die über einen evangelischen und einen katholischen Teil verfügte. Es ist bemerkenswert, dass diese Garnison mit ihrer militärischen Infrastruktur, die zu den größten im gesamten Deutschen Reich gehörte, bei der Angriffsplanung nicht die geringste Rolle spielte. Auf das Militärgelände fiel kaum eine Bombe, so dass es nach Kriegsende problemlos von der Sowjetarmee und später auch von der Nationalen Volksarmee der DDR weiter genutzt werden konnte.

Wenn es darum geht, ob der Angriff vom 13./14. Februar 1945 auf Dresden militärisch gerechtfertigt war, spielt immer wieder die Frage eine Rolle, wie es um die Bedeutung der sächsischen Landeshauptstadt für Rüstung und Verteidigung bestellt gewesen ist. Fest steht, dass Dresden traditionell kein Standort der rüstungsrelevanten Schwerindustrie gewesen ist. Obwohl es zum Beispiel mit einigen Hydrierwerken in der Umgebung wichtige Rüstungsbetriebe gab, befanden sich in Dresden selbst vor allem Fabriken, in denen Zigaretten, Schokolade, Maschinen, Glas und Keramik sowie kosmetische Produkte hergestellt wurden. Am wichtigsten für die Rüstung dürfte die fotografische und optische Industrie gewesen sein. In Strießen baute Zeiß-Ikon seit 1938 Bombenzielgeräte, und in den Sachsenwerken Niedersedlitz wurden Radaranlagen und andere elektronische Bauteile gefertigt. Außerdem gab es eine Fabrik für die Produktion von Flakgranaten. Aber drei Monate vor Kriegsende war Dresdens ohnehin eher unterdurchschnittliche Bedeutung für die deutsche Rüstungswirtschaft ganz sicher zu vernachlässigen.

Dafür verfügte die Stadt aber zunächst über starke Flakstellungen, die unter anderem in Übigau, am Heller, in Räcknitz und später in der Nähe von Gönnsdorf und in Altfranken stationiert waren. Dabei handelte es sich um die hoch präzisen und wirksamen 88-Millimeter- sowie um erbeutete sowjetische 85-Millimeter-Geschütze, die deutsche Techniker auf das Kaliber 88 umgerüstet und damit den Wehrmachtsanforderungen angepasst hatten.

Da die Flakbesatzungen in all den Kriegsjahren nur selten zum Einsatz kamen, glaubten auch sie, dass sie kaum einen ernsthaften Angriff würden abwehren müssen. Eine durch nichts begründete Annahme, die sich aber offenbar auch die Kommandoebene zu Eigen gemacht hatte. Als verhängnisvoll für die Verteidigung Dresdens sollte sich indes eine technische Besonderheit der Flakgeschütze erweisen. Schon 1941, als die Wehrmacht in Libyen gegen die Briten kämpfte, hatte man nämlich herausgefunden, dass sich die Flak auch hervorragend als Panzerabwehrwaffe eignete. Die starken 88-Millimeter-Geschütze hatten sogar noch in einer Entfernung von einem Kilometer 20 Zentimeter dicke Panzerplatten durchschlagen. Nur wenige Wochen vor dem Februar-Angriff waren einige Dresdner Flakstellungen nach Halle, Leuna, Leipzig und Berlin verlegt worden, wo sie dringender gebraucht zu werden schienen. Die meisten der übrigen 88-Millimeter-Geschosse verlegte man eilig Richtung Osten, um den heranrückenden sowjetischen Panzern den Vormarsch möglichst zu erschweren. Auf die leeren Betonrampen montierte man Attrappen aus Pappe. Anfang Februar 1945 war Dresden gegenüber Luftangriffen fast völlig wehrlos.[57]

Am 27. Januar 1945, 17 Tage vor dem Dresdner Feuersturm, hatte die Rote Armee das KZ Auschwitz, das schlimmste aller deutschen Vernichtungslager, befreit. Damit konnten die Alliierten zum ersten Mal konkret ermessen, welche Dimension die NS-Verbrechen tatsächlich angenommen hatten. Zu Jahresbeginn 1945 rückten die sowjetischen Truppen immer weiter Richtung Westen vor. Am 12. Januar begann eine massive sowjetische Großoffensive mit Stoßrichtung auf Mitteldeutschland. Nur selten war die deutsche Wehrmacht zu Gegenangriffen in der Lage, die auch nur noch dem Zweck dienten, der Zivilbevölkerung die Flucht zu ermöglichen. Am 17. Januar wurde Warschau befreit, am 19. erreichte die Rote Armee Krakau und Lodz, am 24. Oppeln und Gleiwitz, jene oberschlesische Stadt, die am 1. September 1939 mit dem inszenierten Überfall auf eine Sendeanlage als Kriegsanlass hatte herhalten müssen. Je weiter die sowjetischen Soldaten vorrückten, desto stärker schwoll der Strom der Flüchtlinge an, die unter unbeschreiblichen Umständen ihre Heimatorte verließen, um wenigstens das nackte Leben zu retten.

Natürlich war das unzerstörte Dresden ein wichtiger Anlaufpunkt für die Flüchtlinge, denn hier gab es noch eine weitgehend funktionierende Infrastruktur und Verwaltung. Lange bevor er sich durch seine These von der „Auschwitz-Lüge“ wissenschaftlich und persönlich ins Abseits begeben hatte, schrieb der britische Historiker David J. Irving in seinem Buch „Der Untergang Dresdens“ dazu:

„Die sächsische Hauptstadt, die vor dem Krieg sechshundertdreißigtausend Einwohner zählte, war bald sichtlich übervölkert. Es war das Vorspiel zur endgültigen Tragödie von Dresden: Es gab wenige Deutsche, die jetzt noch in den von den russischen Truppen bedrohten Gebieten zurückbleiben wollten. Die Oktober-Offensive in Ostpreußen zeigte den Gauleitern und der Bevölkerung, dass die sowjetischen Truppen und Panzerdivisionskommandeure kurzen Prozess mit den Deutschen machen würden.“[58] Dass die NS-Funktionäre diese schlimmen Erfahrungen nicht etwa zum Anlass nahmen, die bedrohte Zivilbevölkerung möglichst rechtzeitig und planvoll zu evakuieren, zeigt das Beispiel von Erich Koch, dem ostpreußischen Gauleiter, der die Evakuierung ausdrücklich verbot. Dazu noch einmal David J. Irving:

„Das sich daraus ergebende Schicksal der ostpreußischen Bevölkerung, die das Verbot der Evakuierung durch den Gauleiter befolgte, war ein anschauliches Beispiel nicht nur für die anderen Gauleiter, sondern auch für die Einwohner jener Gebiete, die wahrscheinlich von der Sowjetarmee überrannt werden würden.“[59]

Wie eine Bugwelle trieben die Russen die deutschen Flüchtlingstrecks nun vor sich her. Nachdem sich herumgesprochen hatte, dass es sich bei den Gräueltaten, die die Rote Armee bei ihrem Einmarsch verübte, nicht um Propagandalügen, sondern um bittere Tatsachen handelte, entschlossen sich auch

Durch das Vorrücken der Roten Armee schwoll der Strom der Flüchtlinge aus Schlesien Anfang 1945 immer weiter an. Das unzerstörte Dresden war für sie ein wichtiger Anlaufpunkt, denn hier gab es noch eine weitgehend intakte Infrastruktur.

diejenigen zur Flucht, die ursprünglich vorgehabt hatten zu bleiben. Über die Situation in Schlesien schreibt Irving: „Anfang 1945 hatten etwa vier Millionen siebenhunderttausend deutsche Staatsangehörige in Schlesien, der im Osten unmittelbar an Sachsen angrenzenden Provinz, gelebt. Als sich die Nachrichten von Stadt zu Stadt verbreiteten, begann auch die deutsche Evakuierung Schlesiens. Ein Teil der Bevölkerung zog in südwestlicher Richtung über die Berge nach Böhmen und Mähren. Ein großer Teil zog in Trecks auf der Reichsautobahn nach Sachsen. Die erste größere Stadt nach der Provinzgrenze war Dresden, und – ob sie hier nun Freunde hatten oder nicht – die meisten Flüchtlinge wollten hier bleiben.“[60]

Doch das durften sie in der Regel nicht, Dresden war nicht Zielpunkt, sondern nur Durchgangsstation. Die Verwaltung bemühte sich, die ankommenden Flüchtlinge möglichst schnell weiterzuleiten, denn zur dauerhaften Aufnahme von vielen Hunderttausend Menschen wäre die Stadt gar nicht in der Lage gewesen. Trotzdem erhöhte sich die Zahl der Flüchtlinge, die sich in Dresden aufhielten, von Ende Januar an ganz erheblich. Der erste von deutschen Dienststellen organisierte Flüchtlingszug fuhr am 26. Januar 1945 in den Hauptbahnhof ein. Die Reichsbahner, die die willkürliche Anordnung von Personen-, offenen und geschlossenen Güterwagen in den riesigen Bahnhof einfahren sahen, schüttelten mit dem Kopf, denn das alles hatte mit den strengen Dienstvorschriften der für ihre Effizienz und Pünktlichkeit gerühmten deutschen Staatsbahn nicht mehr das Geringste zu tun. Hunderte Reichsarbeitsdienstmädchen standen am Bahnsteig und in der Kuppelhalle bereit, um den kranken und hinfälligen Flüchtlingen beim Aussteigen zu helfen, sie zu verpflegen und in Notunterkünfte einzuweisen. Immer neue Züge trafen völlig überfüllt in Dresden ein und leerten sich, um anschließend erneut in Richtung Osten aufzubrechen, wo sie von den dort wartenden Flüchtlingen sehnsüchtig erwartet wurden. Der letzte dieser offiziellen Flüchtlingszüge erreichte Dresden am Nachmittag des 12. Februar. Auch an diesem Rosenmontag trafen über die Autobahn und andere Straßen noch Trecks aus Schlesien in Dresden ein. Aber befanden sich tatsächlich, wie immer wieder behauptet wurde, in der Nacht des 13. Februar etwa eine halbe Million Ostflüchtlinge in Dresden? Götz Bergander, selbst Zeitzeuge der Zerstörung Dresdens, hat genau untersucht, was eine solche Annahme bedeuten würde. Er führt dazu aus:

„Wenn wir den Höchstzahlen folgen, sind nach unserer Rechnung 400 000 bis 600 000 Flüchtlinge noch unterzubringen. Das wäre nur möglich gewesen, wenn man in jeden Dresdner Haushalt – in jeden – mehrere Personen zusätzlich hineingestopft, wenn man Zwangseinquartierungen größten Stils vorgenommen hätte. Oder man hätte neue Barackenlager errichten müssen, riesige Bretterstädte für die Heimatlosen. Nichts dergleichen ist geschehen. Da die Flüchtlinge aber nicht zu Hunderttausenden auf der Straße gestanden haben, kann nicht eine halbe Million in dieser einen Nacht in Dresden gewesen sein.“[61]

Bergander hält eine Zahl von etwa 200 000 Flüchtlingen für realistisch und gibt die Zahl der am 13. Februar in Dresden anwesenden Menschen mit etwa 950 000 an. Das sind 320 000 mehr, als die Stadt zu Kriegsbeginn Einwohner zählte.

Was diese fast eine Million Menschen erwartete, konnten sie nicht wissen. Arhur Harris und sein Premier Winston Churchill wussten es dagegen sehr genau.

Im Frühjahr 1999, während des Kosovo-Kriegs, prägte ein NATO-Sprecher auf einer Pressekonferenz in Brüssel einen neuen Begriff: Um die bei den NATO-Angriffen auf Serbien und das Kosovo zwar nicht beabsichtigten, aber im Verlauf der Militäroperationen offenbar unvermeidlichen und deshalb in Kauf zu nehmenden Zerstörungen von zivilen Gebäuden und Menschenleben terminologisch zu fassen, ohne das Geschehen wirklich beim Namen zu nennen, sprach er von „collateral damage“. „Kollateralschaden“, der aus dem Lateinischen abgeleitete Euphemismus, wurde in Deutschland 1999 prompt zum „Unwort des Jahres“ gewählt. Winston Churchill und sein Bomberchef Harris hätten über so viel sprachliche Verrenkungen vermutlich nur den Kopf geschüttelt. Was die NATO Ende des 20. Jahrhunderts schamvoll als Kollateralschäden bezeichnete, war das eigentliche Ziel der Bombenangriffe während des Zweiten Weltkriegs: die weitgehende Zerstörung ganzer Städte mit aller Infrastruktur und einer möglichst großen Zahl ihrer Bewohner.

Für Harris war die Zerstörung Dresdens keine Herausforderung mehr. Er wusste genau, wie er seine Bomber einsetzen musste, um die größtmögliche Zerstörung zu erreichen. Seit er im Sommer 1943 in Hamburg den Feuersturm entfacht hatte, war die Angriffsplanung weiter verfeinert worden. Dabei ist das Prinzip ganz einfach: Wie in Hamburg sollen zuerst Sprengbomben abgeworfen werden. Die Brandbomben, die nun folgen, schlagen in die schon aufgerissenen Häuser ein. Die Flammen finden sofort Nahrung, erfassen die hölzernen Balken der Dachstühle, Türen, Möbel, Gardinen, Teppiche, Treppengeländer. Funken treiben die Flammen weiter, machen Asphaltstraßen zu dampfenden Sümpfen. Einzelbrände vereinigen sich zu immer größeren Feuerfronten, die schließlich zum Feuersturm anschwellen.

Mit der Wucht eines Wirbelsturms saugt der Brandherd immer neue Nahrung an: Bäume, Gebäudeteile, Fahrzeuge, Menschen. Stundenlang ist der Feuersturm unersättlich und tötet Menschen selbst dann, wenn sie nicht mit in den Brand gerissen werden. Bei vielen schrumpft die Haut in der Gluthitze zu Leder; Blut und Köperflüssigkeit verdampfen. Viele ersticken, weil ihnen der Sauerstoff zum Atmen fehlt, weil sie die heiße Luft nicht atmen können, weil ihre Lungenbläschen im Nu austrocknen, ihre Lungen zusammenschrumpfen oder platzen.

Das alles ist lange vor dem 13. Februar 1945 sehr genau bekannt und bestens dokumentiert. Harris und sein Chef Winston Churchill wissen, wie das Urteil aussieht, das sie in der Nacht vom 13. zum 14. Februar 1945 über Dresden vollstrecken werden. Nur die Dresdner ahnen es nicht. Viele gehen an diesem Faschingsdienstag mit der Hoffnung zu Bett, dass der Krieg schon bald vorbei sein werde. Viele werden den Aschermittwoch nicht überleben.

Die Berichte über Gräueltaten der Roten Armee hatten sich als bittere Wahrheit erwiesen. Angesichts dieser Erfahrungen, die sich schnell herumsprachen, spürten selbst NSDAP-Anhänger, dass sich von offizieller Seite niemand für das Schicksal der Bevölkerung in den Ostgebieten verantwortlich fühlte. Statt auf die Durchhalteparolen zu hören, machten sich viele auf den Weg gen Westen. Sie kamen mit Trecks, zu Fuß oder in offenen Zügen und hatten alles verloren, was sie nicht bei sich tragen konnten. Doch für die Flüchtlinge, darunter viele aus Schlesien, war Dresden nur eine Durchgangsstation. Sie wurden verpflegt und relativ schnell weitergeleitet, denn die Stadt wäre gar nicht in der Lage gewesen, Hunderttausende dauerhaft aufzunehmen.

Dresdens Untergang

Ein milder, sonniger Tag, fast schon Vorfrühling. Auf den Elbwiesen blühten Schneeglöckchen und erste Krokusse. Am frühen Morgen machte sich Victor Klemperer vom Judenhaus in der Zeughausstraße 1 zum benachbarten Gemeindehaus der Jüdischen Gemeinde auf, wo er sich um acht Uhr einfinden sollte. Der Romanist und Philologe, der bis zu seiner 1935 erfolgten zwangsweisen Entlassung als Professor an der Technischen Hochschule tätig gewesen war, hatte das „Tausendjährige Reich" bis zu diesem Tag nur dank seiner „arischen" Frau Eva überlebt. „Privilegierte Mischehe" hieß das im juristischen Jargon der Nürnberger Rassengesetze. Jetzt betrat er, ein vom Leben gezeichneter, hinfälliger alter Mann, den Gelben Stern am schäbigen Mantel, die Verwaltung der Jüdischen Gemeinde, die in den letzten Jahren immer kleiner geworden war und vielleicht schon bald gar nicht mehr existieren würde.

Als er das Gebäude, in dessen Nachbarschaft sich bis zum 9. November 1938 Dresdens berühmte Synagoge befunden hatte, kurz vor acht Uhr erreichte, war er außer Atem. Er sollte sich bei dem Juristen Dr. Ernst Neumark, dem „Vertrauensmann der Reichsvereinigung der Juden in Deutschland für den Bezirk Dresden", melden. Aus dessen Büro kam ihm eine weinende Frau entgegen. Als er kurz darauf das Zimmer betrat, spürte er, dass Schlimmes geschehen war. Die Angst, die ihn seit Jahren begleitete, die er zeitweise betäuben, verdrängen, vergessen, aber nie besiegen konnte, nahm ihm jetzt buchstäblich den Atem.

„Sie müssen Briefe an Gemeindemitglieder austragen. Es geht um den Befehl zur Evakuation für alle Einsatzfähigen. Es nennt sich ‚auswärtiger Arbeitseinsatz'", sagte Neumark, als er Klemperer die Hand reichte. „Muss auch ich gehen?", fragte Klemperer. „Nein, Sie nicht, weil Sie entpflichtet sind." „Aber was geschieht mit denen, die bleiben dürfen? Bedeutet das für mich nicht eher das Ende als für die, die gehen müssen?" Neumark schüttelte den Kopf. „Nein, wahrscheinlich nicht", sagte er, „das Hierbleiben gilt eher als Vergünstigung. Es bleibt zum Beispiel ein Mann, dessen beide Söhne im Weltkrieg gefallen sind, außerdem ich selbst, Dr. Katz, der EK-I-Träger ist, einige Schwerkranke und Entpflichtete." Klemperer wurde schwindlig, er griff sich ans Herz und setzte sich. Neumark reichte ihm den maschinenschriftlichen Befehl, der auf den 12. Februar 1945 datiert war:

Auf Anweisung der vorgesetzten Dienststelle, der Geheimen Staatspolizei Dresden fordere ich Sie auf, sich Freitag, den 16. Februar 1945, früh 6.45 Uhr pünktlich im Grundstück Zeughausstr. 1, Erdgeschoss rechts, einzufinden.
Sie haben damit zu rechnen, dass Sie außerhalb Dresdens zum Arbeitseinsatz kommen. Sie wollen am Freitag Ihr Gepäck und für 2–3 Tage Marschverpflegung mitbringen. Es darf 1 Koffer oder 1 Rucksack (nicht beides) mitgenommen werden. Größe und Gewicht des Koffers oder Rucksacks dürfen die Maße eines Handgepäckstücks nicht übersteigen. Sie müssen damit rechnen, dass Sie das Gepäck eine größere Strecke Weges selbst tragen müssen. Empfehlenswert ist es, an demselben den Namen des Besitzers anzubringen. (...)[62]

Klemperers Hände zitterten, die Schrift verschwamm vor seinen Augen. Er war erleichtert, dass es ihn auch diesmal nicht selbst betraf. Aber worauf sollte er sich verlassen? Blieben ihm noch acht oder 14 Tage, bis auch er deportiert würde? Wieso mussten die anderen jetzt gehen, er aber nicht? Jeder, dem er diesen Brief auszuhändigen hatte, würde wissen, dass dies ein Marschbefehl in den Tod war.

An lange Fußmärsche hatte sich der Professor inzwischen gewöhnt. Eigentlich war er ein begeisterter Autofahrer, aber sein Auto war längst beschlagnahmt. Auch die Stra-

Der Vertrauensmann
der Reichsvereinigung der Juden
in Deutschland für den Bezirk Dresden
Dr.Ernst Israel Neumark

Fräulein

Henny Sara Wolf,

Dresden - A 19
Glashütter-Str.24

Dresden, den 12.Februar 1945
Zeughausstr.3 Ruf Nr.14002

Auf Anweisung der vorgesetzten Dienststelle, der Geheimen Staatspolizei Dresden fordere ich Sie auf, sich

Freitag, den 16.Februar 1945, früh 6 45 Uhr

pünktlich im Grundstück Zeughausstr.1, Erdgeschoß rechts, einzufinden.

Sie haben damit zu rechnen, daß Sie außerhalb Dresdens zum Arbeitseinsatz kommen.

Sie wollen am Freitag Ihr Gepäck und für 2-3 Tage Marschverpflegung mitbringen. Es darf 1 Koffer oder 1 Rucksack(nicht beides) mitgenommen werden. Größe und Gewicht des Koffers oder Rucksacks dürfen die Maße eines Handgepäckstücks nicht übersteigen. Sie müssen damit rechnen, daß Sie das Gepäck eine größere Strecke Weges selbst tragen müssen. Empfehlenswert ist es, an demselben den Namen des Besitzers anzubringen.

Mitzunehmen ist:

Vollständige Bekleidung, ordentliches Schuhwerk, Arbeitskleidung, 1 mal Bettwäsche, Decke (keine Daunen-oder Steppdecke), Eßgeschirr (Teller und Topf mit Löffel), Trinkbecher.

nicht mitgenommen werden dürfen:

Wertpapiere, Devisen, Sparkassenbücher, Streichhölzer, Kerzen.

Außer dem Koffer oder Rucksack dürfen Frauen eine Damenhandtasche normaler Größe mit sich führen. Die Decke darf über dem Arm getragen werden.

Der Lebensmittelkartenbezug ist bei der zuständigen Stelle für den 18.Februar 1945 abzumelden; die Abmeldebescheinigung ist spätestens am Freitag früh bei mir abzugeben. Die jüdische Kartenstelle ist Dienstag, den 13.Februar 1945 bis Donnerstag, den 15.Februar 1945 von 7-16 Uhr geöffnet. Die restlichen Lebensmittelkarten sind hierbei abzuliefern.

Ich weise nachdrücklich darauf hin, daß dieser Aufforderung ungeachtet aller bestehenden Arbeitsverhältnisse unbedingt Folge zu leisten ist. Anderenfalls sind staatspolizeiliche Maßnahmen zu gewärtigen.

Ich bitte, mir den Empfang dieses Schreibens auf dem unteren Anhang desselben zu bestätigen.

Der Vertrauensmann
der Reichsvereinigung der Juden in Deutschland
für den Bezirk Dresden
Dr.Ernst Israel Neumark

„Auswärtiger Arbeitseinsatz"? Wer wie die meisten der letzten noch in Dresden lebenden Juden am 13. Februar 1945 solch einen Brief erhielt, wusste genau, dass dies sein Todesurteil war. Einige Juden fielen dem Bombenangriff zum Opfer, andere verdankten ihm ihr Überleben.

Der Romanist und Philologe Victor Klemperer (1881–1960) war zwar jüdischer Herkunft, aber kein Mitglied der Jüdischen Gemeinde. Für die NS-Behörden, für die nur die Nürnberger Rassegesetze zählten, spielte das keine Rolle. Klemperer, der ständig mit seiner Deportation rechnen musste, wurde nur vorläufig verschont, weil er mit einer „Arierin" verheiratet war. Die Zerstörung Dresdens rettete ihm das Leben.

ßenbahn war für Juden seit Jahren verboten. „Heute dürfen Sie mit der Straßenbahn fahren“, sagte Neumark und reichte Klemperer eine amtliche, von der Gestapo ausgefertigte Ausnahmegenehmigung. Neun Namen standen auf seiner Liste, neun Briefe steckte er in die Tasche, neun Todesurteile.
Erstmals seit Jahren fuhr Victor Klemperer wieder mit der Straßenbahn, immer in der Angst, angepöbelt, angegriffen oder wenigstens beleidigt zu werden oder sich mit dem Gestapo-Schreiben rechtfertigen zu müssen. Als er am Amalienplatz die Straßenbahn Richtung Hauptbahnhof und Strehlen bestieg, nahmen die Fahrgäste den Sternträger kaum zur Kenntnis. Einige kostümierte Kinder saßen im Wagen, und im Vorbeifahren konnte man auch auf den Straßen Schüler in Faschingskostümen sehen: Indianer, Könige, Clowns, Räuber. Die Kinder feierten heute Fasching wie in Friedenszeiten. Klemperer stieg am Reichsplatz aus, ging an der Amerikanischen Kirche vorbei und erreichte kurz darauf die Sedanstraße. Er klingelte bei Frau Gaehde, reichte ihr den Brief, erklärte den Inhalt und versuchte sie zu beruhigen. Sie starrte ihn mit aufgerissenen Augen an, hielt ein Taschentuch vor den weit geöffneten Mund. Dann schrie sie, dass sie bis zum Äußersten gegen diese Verordnung kämpfen werde. „Mein Mann ist 70, mein Enkel zehn. Ich kann sie nicht allein lassen! Mein Schwiegersohn ist um der deutschen Sache willen im Ausland in Gefangenschaft.“
Kurze Zeit später klingelte der Bote bei Frau Grosse, die in einer Villa an der Lukaskirche wohnte, eine damenhafte Frau im mittleren Alter. Sie stand völlig hilflos im Flur ihrer Wohnung. „Ich muss meinen Mann anrufen“, sagte sie und ging zum Telefon, griff nach dem Hörer und legte ihn gleich darauf wieder auf die Gabel. „Ich hab' die Nummer vergessen, weiß nichts mehr. Er arbeitet in einer Konfitürenfirma.“ Sie setzte sich und sagte leise: „Mein armer Mann ist krank, und ich selber bin so herzleidend.“ Sie quittierte Klemperer den Empfang des Briefs. Als er das Haus verlassen hatte, hörte er hinter der geschlossenen Tür das Schluchzen der Frau.

Die Dresdner Synagoge vor ihrer Zerstörung und das Gemeindehaus der jüdischen Gemeinde an der Zeughausstraße. Hier erlebten Eva und Victor Klemperer die Bombenangriffe vom 13. und 14. Februar 1945.

Morgens um sechs Uhr war der amerikanische Kriegsgefangene Kurt Vonnegut jr. durch das Pfeifen des Wachmanns aus unruhigen Träumen gerissen worden. Er hatte von zu Hause geträumt, von Indianapolis. Von den Kämpfen in den Ardennen, wo er ein paar Wochen zuvor in deutsche Gefangenschaft geraten war. Und von den jungen Mädchen aus Breslau, Flüchtlingsfrauen, die er hier auf dem Schlachthof durch Zufall nackt beim Duschen gesehen hatte. „Die Mädchen kreischten. Sie bedeckten sich mit ihren Händen, drehten den Rücken zu und so weiter – und machten sich äußerst schön.“[63]

Vonnegut musste im Hof des Schlachthofs zum Morgenappell antreten, wurde mit den übrigen 99 amerikanischen Kriegsgefangenen durchgezählt. Sie bildeten Dreierreihen und verließen das Schlachthofgelände. „Schlachthof 5. Merken Sie sich das. Das ist Ihre Adresse", hatte der einzige Englisch sprechende Wachmann gleich am ersten Tag den Gefangenen gesagt und sie zu ihrer Unterkunft geführt. Das war ein einstöckiger Zementwürfel, der für zum Schlachten bestimmte Schweine erbaut worden war. Schweine gab es hier längst nicht mehr, dafür war nun Platz genug, um 100 gefangene Amerikaner unterzubringen.
Vier Wochen war der 22 Jahre alte Soldat nun in Dresden. Den ersten Anblick der Stadt, den Moment, als die Schiebetür des Güterwagens aufgerissen wurde, als die Gefangenen, sich an die plötzliche Helligkeit gewöhnend, hinausblickten, würde Vonnegut nie vergessen. „Die Türöffnungen rahmten die bezauberndste Stadt ein, welche die meisten Amerikaner jemals gesehen hatten. Die sich am Himmel abhebende Silhouette mit ihren Kuppeln und Spitztürmen war üppig, zauberisch und absurd", schrieb Vonnegut, der nach dem Krieg Schriftsteller wurde, viele Jahre später in seinem berühmten Roman „Schlachthof 5 oder Der Kinderkreuzzug". Damals erinnerte ihn Dresden an ein Bild des Himmels aus der Sonntagsschule. Die anderen Soldaten sprangen aus dem Waggon, nahmen Aufstellung, nur Vonnegut stand noch immer an der Tür, blickte auf die fast unwirklich schön anmutende Dresdner Silhouette und sagte: „Wie im Freilichtkino."[64]

Im Ostragehege erbaute der Architekt Hans Erlwein 1906–13 den Dresdner Vieh- und Schlachthof, damals die größte derartige Anlage Deutschlands. Das Schlachthofgebäude mit Kuppel und Schornstein (im Vordergrund rechts) bildet einen markanten Akzent. Anfang 1945 waren auf dem Areal amerikanische Kriegsgefangene untergebracht.

Kurt Vonnegut jr. erlebte die Zerstörung Dresdens als amerikanischer Kriegsgefangener auf dem Schlachthofgelände. Mit dem Roman „Schlachthof 5" wurde er weltberühmt. Das Buch beschreibt die Zerstörung der Stadt in lakonischer Sprache als sinnlosen Akt der Barbarei.

Acht Wachmänner, wahrscheinlich Volkssturmmänner, von denen manche noch halbe Kinder, andere schon fast Greise waren, führten die 100 amerikanischen Kriegsgefangenen vom Rangierbahnhof in der Friedrichstadt durch die Waltherstraße, vorbei am König-Albert-Hafen zum Ostragehege, wo sich der Schlachthof befand. „Fröhlich pfiffen noch Dampfheizungskörper in Dresden. Straßenbahnen ratterten. Telefone klingelten und wurden beantwortet. Es gab Theater und Restaurants. Es gab einen Zoo." Der junge Amerikaner wunderte sich damals über das friedliche Leben, die scheinbare Normalität in dieser Stadt.[65]
Am Faschingsdienstag 1945 war Vonnegut so müde wie an jedem Morgen, wenn er mit seinen Kameraden durch die Straßen der Stadt zur Arbeit in einer Sirupfabrik marschierte. Dort musste er den ganzen Tag hart arbeiten: Fässer rollen, Kisten tragen, Wagen entladen, Fenster putzen, Fußböden fegen, Klosetts schrubben, Konservengläser in Kartons einpacken. In der Fabrik wurde Malzsirup hergestellt, der mit Vitaminen angereichert wurde und für schwangere Frauen bestimmt war. Nicht für Kriegsgefangene. Die waren abgemagert, hohläugig, hatten Entzündungen auf der Haut, aber sie lebten. Und sie wollten überleben, wieder richtig essen, in richtigen Betten schlafen, heimkehren, zu Hause sein und all das Elend des Krieges hinter sich lassen.

Der Unteroffizier Gerhard Gretzschel fuhr schon seit acht Stunden Richtung Westen. Am Abend des 12. Februar war er kurz nach 23 Uhr in Brünn in den zunächst mit Wehrmachtsangehörigen fast überfüllten Schnellzug nach Prag gestiegen, hatte Glück gehabt, noch einen Sitzplatz gefunden. Aber was nannte sich in diesen Zeiten schon Schnellzug? Immer wieder bremste die Lokomotive ab, hielt ohne ersichtlichen Grund manchmal mehr als eine Stunde auf freiem Feld. Dabei gab es keinen Fliegeralarm. An mehreren Unterwegsbahnhöfen hatte sich das Abteil geleert, die letzten Mitreisenden, zwei Soldaten und der Hauptmann einer Fliegerstaffel, waren am frühen Morgen kurz

In Dresden war vom Krieg lange Zeit kaum etwas zu spüren. Dieses Foto von 1940 zeigt einen Blick vom Terrassencafé des „Italienischen Dörfchens" zur Augustusbrücke und zum Gebäude des Sächsischen Finanzministeriums.

Blick vom Neustädter Elbufer hinüber zur Brühlschen Terrasse, dahinter die Steinkuppel der Frauenkirche. Links daneben ist die gläserne Kuppel der Kunstakademie zu sehen, im Volksmund „Zitronenpresse" genannt.

vor Prag ausgestiegen, an irgendeiner Station, deren Namen er gleich wieder vergessen hatte. Böhmische Dörfer. „Hals- und Beinbruch“, hatte der Hauptmann gesagt, als er das Abteil verließ. Ein Gruß, der gut gemeint war, den Gretzschel aber nie gemocht hatte. Jetzt hatte er das 2.-Klasse-Abteil, an dessen vergilbten Gardinen noch immer das Emblem der tschechischen Staatsbahn CSD prangte, obwohl der Wagen längst von der Deutschen Reichsbahn übernommen worden war, für sich allein. Das Rattern der Räder machte ihn wieder müde, obwohl er die Nacht so gut geschlafen hatte, wie ein Soldat in einem Eisenbahnabteil eben schlafen konnte.

Es war gegen acht Uhr, als der Zug das Prager Stadtgebiet erreichte, sich der Innenstadt näherte. „Prag Mitte“, stand in deutscher Sprache auf dem Stationsschild des Kopfbahnhofs. Gretzschel zog sich den schweren Unteroffiziersmantel an, griff sich seinen Vulkanfiberkoffer und stieg aus. Bei der Bahnauskunft, hinter deren Fensterchen ein Reichsbahnbeamter saß, der mit Wiener Akzent sprach, erfuhr er, dass sein Anschlusszug nach Dresden gestrichen war. Der nächste Zug fuhr erst um 16.15 Uhr. So hatte er mehr als acht Stunden Zeit, durch Prag zu laufen.

Er stellte den Koffer in der Gepäckaufbewahrung unter, verließ das Bahnhofsgebäude und lief Richtung Altstädter Ring. Vorbei am Pulverturm und der Teynkirche kam er zum Altstädter Rathaus. Punkt zehn: Die astronomische Uhr an der Rathausfassade setzte ihr Spiel in Gang. Hinter den beiden Luken, deren Türchen sich geöffnet hatten, zogen die Apostel vorbei. Daneben läutete der als Skelett dargestellte Tod sein Glöckchen. Zu jeder vollen Stunde ein Memento mori.

Prag war unzerstört geblieben. Unter den Arkaden eines der schönen Barockgebäude, die den Platz säumten, suchte sich Gretzschel ein Café, in dem er zwar keinen Kaffee, dafür aber ein Kännchen mit gutem Tee bestellen konnte. Er griff an die rechte Brust, um den Brief zu erfühlen, sich zu vergewissern, dass er ihn nicht verloren hatte. Dieser

Der evangelische Pfarrer Gerhard Gretzschel (1909–1984) war als Unteroffizier in Brünn stationiert. Am 12. Februar 1945 fuhr er mit fingierten Papieren nach Dresden, wo er in der Nacht vom 13. zum 14. Februar seine Eltern und seine Schwiegereltern aus der brennenden Stadt rettete.

Das Kronentor des 1709–32 erbauten Zwingers gehört zu den wichtigsten Wahrzeichen Dresdens. Dahinter ist die gotische Sophienkirche zu sehen. Sie brannte 1945 aus und wurde 1962/63 abgebrochen.

Blick von der Brühlschen Terrasse auf den Landungsplatz der Dampfschiffe. Die historischen Seitenr addampfer waren bis zur Mitte des 20. Jahrhunderts wichtige Verkehrsmittel, heute sind sie eine Touristenattraktion.

Umschlag war seine Sicherheit, würde ihn in jeder Kontrolle retten, gleich ob es SS war oder eine Streife der „Kettenhunde", wie die Landser die Feldpolizei nannten. „Geheime Kommandosache, Zielort Braunschweig" stand auf dem gelben Kuvert, das versiegelt war. Dass sich darin nur Zeitungspapier befand, eine drei Tage alte Ausgabe des „Völkischen Beobachters", in der wieder einmal wortreich die Notwendigkeit von Frontbegradigungen erläutert wurde, wussten nur er und sein Vorgesetzer, Major Hartmann. Der Major schätzte Gretzschel und sah in ihm weniger den Unteroffizier als den Pfarrer der Bekennenden Kirche. Er wusste, dass Gretzschel von der Gestapo inhaftiert worden war, weil er gewagt hatte, das NS-Euthanasie-Programm, die Tötung „lebensunwerten Lebens", von der Kanzel aus gottlos zu nennen und als Sünde zu bezeichnen. Er wusste auch, dass er als Mitglied des Pfarrernotbundes der Bekennenden Kirche mit Rede- und Amtierungsverbot belegt worden war.
„Ich mache mir große Sorgen um meine Eltern in Dresden und um meine Familie in Ponickau, dem Dorf, in dem ich Pfarrer bin", hatte Gretzschel gestern seinem Major gesagt und ihn um eine Reisegenehmigung gebeten, obwohl er genau wusste, dass Urlaubssperre verhängt war. „Fahren Sie nach Dresden, aber seien Sie vorsichtig", hatte der Offizier geantwortet und ihm die fingierte Kurierpost zu einer Luftwaffendienststelle nach Braunschweig ausgestellt.

Den ganzen Tag über waren in Dresden zwei Kuriere der Jüdischen Gemeinde unterwegs, um vielen ihrer Mitglieder die Deportationsbefehle zu überbringen. Neben Victor Klemperer musste auch Werner Lang diesen Botendienst verrichten. Im Gegensatz zu Klemperer war Lang auch selbst von der Deportation betroffen. Gegen Mittag klingelte er am Haus von Henny Wolf und ihren Eltern an der Glashütter Straße 24. Die Wolfs wussten sofort, was dieses Schreiben für sie bedeutete, und waren fest entschlossen, der Aufforderung nicht Folge zu leisten. Sie wollten untertauchen, sich verstecken, darauf hoffen, dass das Kriegsende schneller sein würde als die Häscher der SS. Mit Sarkasmus sagte Henny Wolfs Vater, nachdem Werner Lang das Haus wieder verlassen hatte: „Das einzige, was uns retten kann, ist ein großer Angriff auf Dresden!"[66] Er sollte Recht behalten. Den Deportationsbefehl im Rucksack, flüchteten die Wolfs durch das Bombeninferno. Sie versteckten sich in einem verlassenen Gebäude, wo sie später das Kriegsende erlebten.
Auch am Nachmittag hatte Victor Klemperer seine Liste noch nicht abgearbeitet, sprach den verzweifelten Empfängern der Deportationsbefehle, die sich manchmal zunächst weigerten, den Empfang zu quittieren, Mut zu. Er war erschöpft von den langen Wegen und den traurigen Gesprächen, den Erklärungen, den Tränen, der Verzweiflung, dem schicksalsergebenen Schweigen.

Während der deutsche Jude als „Hiobsbote" durch Dresden lief, herrschte auf den Flugplätzen der R.A.F. Hochbetrieb. Die Maschinen der 5. Bomberflotte wurden aus den Hangars gezogen, Lastwagen schleppten die Bomben heran, die gleich darauf in den Schächten verstaut wurden. Tankwagen rollten heran, um Flugzeug für Flugzeug mit Sprit für eine lange Strecke zu versorgen – insgesamt etwa 2700 Kilometer, das bedeutete mindestens zehn Flugstunden.[67] Götz Bergander schreibt über die Angriffsvorbereitungen: „Diesmal war als Hauptziel Dresden vorgesehen, das zweimal, mit einem Zeitintervall von drei Stunden, angegriffen werden sollte. Ausgangslage der Planungen war der Einsatz von 1407 Flugzeugen. Davon sollten 805 Lancaster-Bomber Dresden bombardieren. An den Start kamen insgesamt 1281 Maschinen. Von diesen konnten wiederum 101 nicht die befohlenen Aufträge ausführen, so dass später die Besatzungen von 1180 Flugzeugen erfolgreiche Einsätze melden konnten, davon 772 Bomber und neun Mosquitos gegen Dresden."[68]

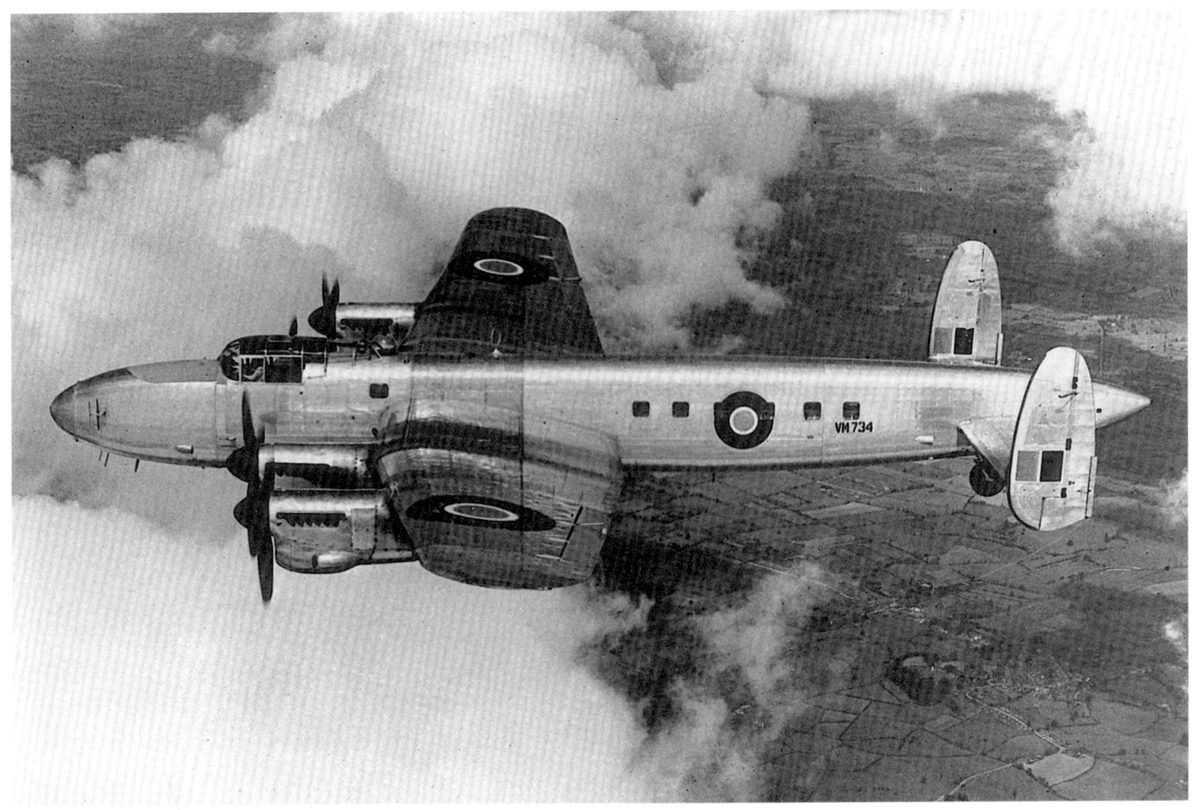

Ein britischer Avro Lancaster-Bomber im Flug. Dieser Flugzeug-Typ war an den meisten Bombenangriffen auf deutsche Städte maßgeblich beteiligt.

Auf einem englischen Stützpunkt werden Stabbrandbomben für den Einsatz vorbereitet. 1181,1 Tonnen Brandbomben wurden am 13./14. Februar auf Dresden abgeworfen, um den Feuersturm zu entfachen.

Die Teams waren eingespielt, die Logistik war perfekt, reine Routine. Dass das Hauptziel diesmal Dresden sein würde, wussten die Techniker nicht, hätte sie aber vermutlich auch nicht interessiert. Schließlich kamen die Besatzungen auf das Flugfeld, kletterten in ihre Maschinen, richteten sich für den Flug ein. Für den ersten Angriff rollten 245 Lancaster der 5. Bomberflotte auf die Startbahnen mit Ziel Dresden.
Aber nicht alle Flugzeuge, die am Nachmittag und Abend für ihren Einsatz vorbereitet wurden, hatten Dresden als Ziel: Ein Mosquito-Verband bombardierte Dortmund, andere Verbände bombardierten Magdeburg, Nürnberg und Bonn, die Halifax-Bomber der 4. und 6. Bomberflotte griffen das BRABAG-Hydrierwerk in Böhlen bei Leipzig an. Das alles waren nur Ablenkungsmanöver, um die große Bomberflotte möglichst ungestört nach Dresden kommen zu lassen.
Die viermotorigen Lancaster waren die Superbomber jener Zeit, kräftige Transport- und präzise Abwurfmaschinen mit tödlicher Last. Um möglichst viele Bomben über möglichst große Entfernungen transportieren zu können, hatten die Konstrukteure am Eigengewicht so weit wie möglich gespart. Alles war zweckmäßig, und auf Bequemlichkeiten musste die siebenköpfige Besatzung verzichten.
Für die erste Angriffswelle des 13. Februar sollten insgesamt rund 700 Maschinen zum Einsatz kommen, neben den Lancaster auch Mosquito, Halifax, Liberator und Fortress – die ganze Typenpalette, die die Alliierten zu bieten hatten.[69] Die Vorhut bildeten viermotorige Flugzeuge einer Einheit mit Spezialauftrag: Statt mit Bomben waren diese Maschinen mit Radar- und anderem elektronischen Gerät vollgepackt. Noch weit vor dem Zielgebiet öffneten sie ihre Luken und ließen Millionen von Stanniolstreifen zu Boden schweben, die das deutsche Radarsystem störten. Obwohl diese Aktion seit der „Operation Gomorrha“ gegen Hamburg im Juli 1943 immer wieder durchgeführt wurde, hatten die Deutschen keine wirksamen Gegenmaßnahmen entwickeln können.
Während die Mosquito-Schwärme ihre Ablenkungsangriffe unter anderem gegen Dortmund und Nürnberg flogen, nahm der Masterbomber Kurs auf das eigentliche Ziel. Ein Vierteljahr zuvor hatte sich der R.A.F.-Offizier geweigert, Freiburg im Breisgau zu bombardieren. Vor dem Krieg hatte er an der Freiburger Universität studiert, wusste, dass viele seiner Freunde in der Nähe des Münsters wohnten, dessen 116 Meter hoher gotischer Turm mit seiner filigranen Haube als Orientierungspunkt für den Angriff dienen sollte. Seine Vorgesetzten hatten damals Verständnis dafür gezeigt und ihn von diesem Einsatz suspendiert. Diesmal empfand

In einer britischen Fabrik werden massenhaft Stanniolstreifen hergestellt. R.A.F.-Flugzeuge warfen Millionen davon ab und schalteten damit die deutschen Radaranlagen aus.

er keine solchen Skrupel, Dresden war ihm fremd, er kannte diese Stadt nur vom Hörensagen.[70] Noch gab es ein paar Wolken, die sich aber immer mehr verzogen. Er warf einen Blick auf die letzte Wettermeldung, die klaren Himmel über Dresden von 22 Uhr bis zum 14. Februar zwei oder drei Uhr versprach[71] – ideale Bedingungen für einen Nachtangriff.

Am Abend war es ruhig in der Stadt, die Häuser verdunkelt, keine Straßenbeleuchtung. Die meisten der Kinder, die tagsüber Fasching gefeiert hatten, lagen längst im Bett. Es gab kaum öffentliche Veranstaltungen, denn im „totalen Krieg" war wenig Platz für Vergnügungen. Immerhin hatten einige Gaststätten geöffnet. Das Restaurant im Neustädter Bahnhof zum Beispiel, in dem Victor und Eva Klemperer in den ersten Jahren der NS-Zeit noch manchmal gut gegessen hatten. Aber das war längst unmöglich, denn als „Sternträger" durfte Klemperer schon lange keine Restaurants mehr besuchen. Todmüde und bedrückt war der Professor am Abend in das Judenhaus zurückgekehrt, hatte Eva von den schrecklichen Begegnungen berichtet und sich gefragt, wann er selbst an der Reihe sein würde. Würden ihm noch Wochen bleiben oder nur Tage? Oder käme der Sieg der Alliierten über die Nazis doch noch für ihn zur rechten Zeit?
Eva hatte Kaffee gekocht. Bohnenkaffee gab es schon längst nicht mehr, aber den Ersatzkaffee konnte man immerhin bedenkenlos auch nachts noch trinken. Um halb zehn saß das Ehepaar im verdunkelten Zimmer beisammen, zu aufgewühlt, um schon Schlaf zu finden. Neun Minuten später begannen die Sirenen aufzuheulen.[72] Fliegeralarm. An Schlaf war nicht mehr zu denken. Im Haus, das eben noch so still war, herrschte Aufregung. Alle Bewohner griffen sich die bereitliegenden Koffer und Taschen mit dem Nötigsten und gingen in den Luftschutzkeller. Von draußen war das immer tiefer und lauter werdende Summen der nahenden Geschwader zu hören. Ungewissheit, Warten, Angst.

Drei Minuten nach zehn Uhr trafen die Beleuchter und Erstmarkierer der 5. Bomberflotte über Dresden ein.[73] Sie warfen grüne Markierungsbomben und weiße Leuchtkaskaden, die berüchtigten Christbäume. Erst jetzt, wo der Himmel über Dresden in gleißendes Licht getaucht wurde, wurde der Örtlichen Luftschutzleitung endgültig klar, dass dies der Ernstfall war. Der Masterbomber, der in seiner Maschine unablässig über der Stadt kreiste, blickte noch einmal auf die Karte, auf der der Zielsektor mit weißer Tinte markiert war. Ausgehend vom DSC-Fußballstadion im Ostragehege war ein Viertelkreis markiert, der den Westrand der Neustadt streifte und dann einen weiten Bogen über die Altstadt beschrieb. Oper, Zwinger, Brühlsche Terrasse, Frauenkirche, Rathaus mit Kreuzkirche und Altmarkt – all das lag innerhalb des zur Vernichtung bestimmten Areals.
Um 22.05 Uhr jagten die Mosquitos über die Stadt und klinkten ihre roten Zielmarkierungsbomben über dem Fußballstadion im Ostragehege aus.[74] Jetzt konnten die Lancaster-Piloten ihr Ziel finden, die Besatzungen ihre Bomben am vorgesehenen Ort abwerfen. Um 22.06 Uhr warnte der Melder der Örtlichen Luftschutzleitung über Drahtfunk: „Achtung! Achtung! Achtung! Die Spitzen der großen feindlichen Bomberverbände haben ihren Kurs geändert und befinden sich jetzt im Anflug auf das Stadtgebiet. Es ist mit Bombenabwürfen zu rechnen. Die Bevölkerung wird aufgefordert, sich sofort in die Schutzräume zu begeben."
Die Altstadt mit ihren Brücken, Kuppeln und Türmen lag in grellem Licht, eine gespenstische Illumination für die weltberühmte Silhouette, die nur noch wenige Minuten existieren würde.
22.11 Uhr. Der Masterbomber nahm über UKW-Sprechfunk Kontakt mit der Verbindungs-Lancaster auf, die die Nummer eins trug und den Angriffsbefehl an die Bomber-

Amerikanische B-17-Bomber beim Angriff auf Dresden. Rechts im Bild sind Markierer zu sehen, die den Bombardierungssektor mit farbigem Rauch vorzeichnen. So gingen auch die R.A.F.-Piloten beim Angriff in der Nacht des 13. Februar vor.

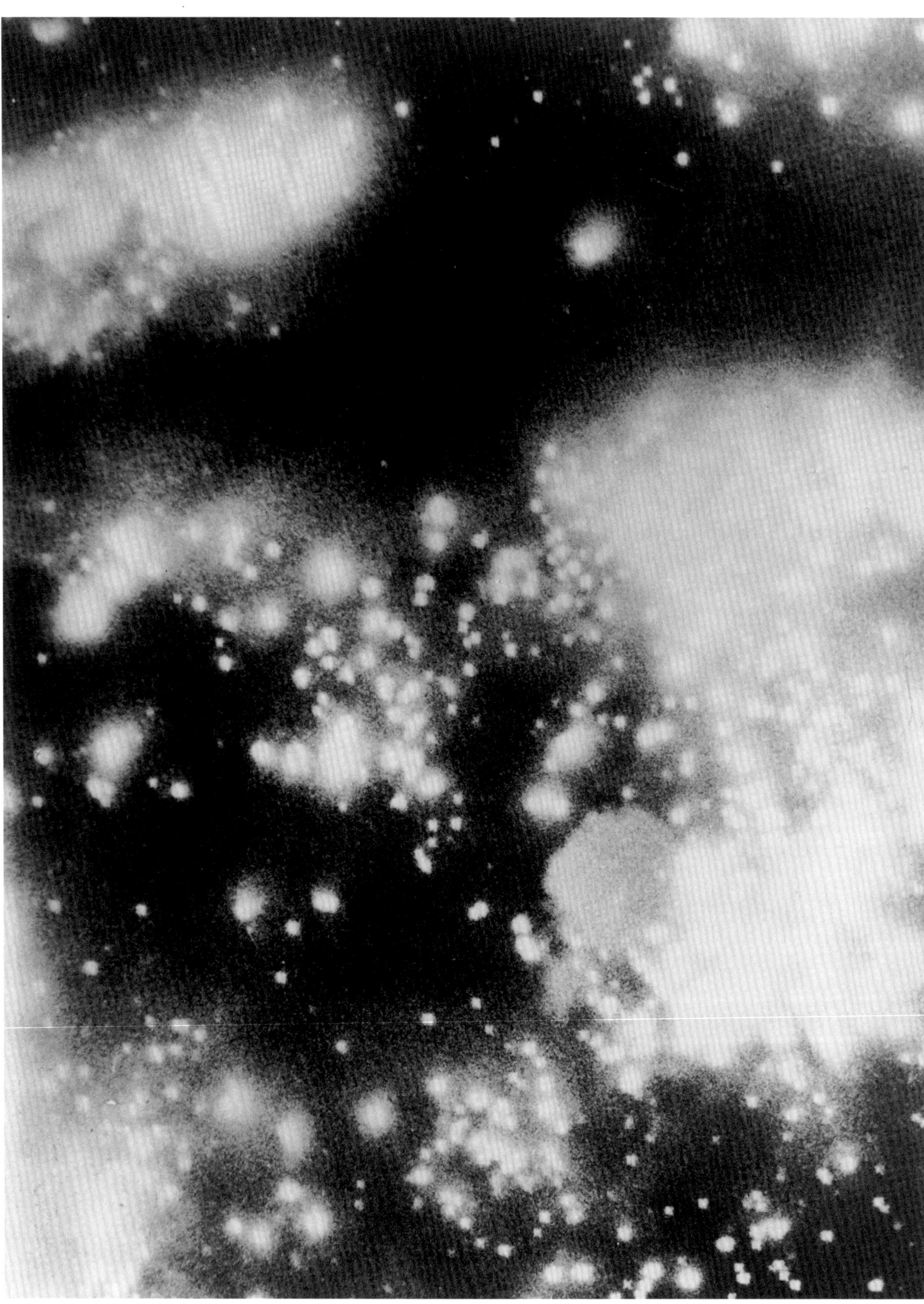

Diese Luftaufnahme der R.A.F. zeigt Bombeneinschläge und beginnende Flächenbrände beim ersten Nachtangriff auf Dresden am 13. Februar. Durch die massenhaft abgeworfenen Stabbrandbomben wurden zahllose Einzelbrände entzündet, die sich in Minutenschnelle zu Großfeuern ausdehnten. Den Bomberpiloten bot sich dies als grausig-faszinierendes Lichterspektakel dar. Der Masterbomber war mit der Arbeit seiner Piloten zufrieden, er funkte: „Es sieht recht gut aus.“

Besatzungen weiterleiten würde. Ein letzter Blick auf die hell erleuchtete Stadt, die er nicht kannte und nun niemals mehr kennen lernen würde, dann gab der R.A.F.-Offizier den Befehl: „Masterbomber an Plate-rack-Verband: Beginnen Sie mit dem Angriff und bombardieren Sie das rote Licht der Zielmarkierer nach Plan." Der Masterbomber war sehr zufrieden, denn er hatte weder Suchscheinwerfer von Geschützbatterien noch Flakfeuer beobachtet. Er wiederholte: „Masterbomber an Plate-rack-Verband: Bombardieren Sie die konzentrierten roten Zielmarkierer nach Plan, sobald Sie wollen." 22.13 Uhr. Das Dresdner Inferno hatte begonnen.

Die Klemperers saßen geduckt auf ihren Sitzplätzen im Keller, neben ihnen Frau Stühler. Die Frau, die den ganzen Tag vergeblich versucht hatte, ihren Sohn von der Deportationsliste streichen zu lassen, sagte mit erbitterter Stimme: „Wenn sie doch alles zerschmissen!" Das Summen der nahenden Geschwader wurde immer lauter, dann krachten die Einschläge. Das ganze Haus vibrierte, drohte zu bersten. Einige der Kellerinsassen knieten sich hin, man hörte Wimmern, das durch das Krachen der Einschläge übertönt wurde. Das bedrohliche, anschwellende Summen, das Weinen, die Einschläge – all das wiederholte sich scheinbar endlos. Auf einmal sprang das Kellerfenster, das sich auf der Rückwand direkt gegenüber dem Eingang befand, mit lautem Knall auf. „Brandbombe, wir müssen löschen!", schrie jemand. Zwei Männer schleppten eine Spritze heran, schoben sie hinaus und versuchten, den Brand zu löschen. Aber es krachte immer wieder, gab immer neue Einschläge. Irgendwann wurde es ruhiger, dann kam Entwarnung.

Aus der Glaskanzel seiner Mosquito bot sich dem Masterbomber ein phantastisches Schauspiel. Das rote Licht der Leuchtmarkierer war längst in das Blitzen der aufschlagenden Bomben übergegangen. Die einzelnen Lichtpunkte verbanden sich immer mehr zu gleißenden Flächen. „Hauptmarkierer an Masterbomber: Die Bomben scheinen jetzt ausgezeichnet zu fallen." Der Masterbomber bestätigte das: „Ja, Hauptmarkierer. Es sieht recht gut aus." Dann ein weiterer Befehl: „Hallo, Plate-rack-Verband. Die Bombenwürfe liegen gut. Greifen Sie an und zielen Sie wie vorgesehen nach den roten Zielmarkierern. Achtung, einer hat zu spät ausgelöst! Einer hat sehr weit entfernt vom Zielpunkt abgeworfen." Um 22.20 Uhr wandte sich der Masterbomber erneut an den Hauptmarkierer, dessen Arbeit nun getan war: „Wenn Sie wollen, können Sie jetzt nach Hause fliegen. Danke." Aber nicht immer trafen die Bomber die vorgesehenen Ziele, zumal die Zielmarkierungen durch den Feuerschein vom Boden immer schwerer zu erkennen waren. „Hallo, Plate-rack-Verband: Versuchen Sie, den roten

Auf dieser Karte der R.A.F. ist der Sektor der Vernichtung präzis eingezeichnet. Scheitelpunkt des Zielbereichs ist das aus der Luft leicht zu erkennende Stadion. Von da aus erstreckt sich in südöstlicher Richtung ein Viertelkreis, der das gesamte historische Zentrum der sächsischen Metropole umfasst.

Schein herauszufinden. Die Bomben fallen jetzt wahllos. Suchen Sie, wenn möglich, den roten Schein heraus, und bombardieren Sie dann nach Plan.“
Um 22.21 Uhr wandte sich der Masterbomber wieder an das Verbindungsflugzeug eins: „Geben Sie nach Hause durch: Ziel erfolgreich angegriffen. Stop. Hauptplan. Stop. Durch Wolkendecke. Stop.“ Um 22.28 Uhr fielen die letzten Bomben, zwei Minuten später befanden sich alle Maschinen der 5. Bomberflotte auf dem Rückweg. Die Besatzungen waren erleichtert und hatten es eilig, nach Hause zu kommen. Als sie am frühen Morgen auf ihren britischen Flugplätzen landeten, waren sie todmüde und davon überzeugt, einen guten Job gemacht zu haben.

Am späten Abend hielt der Zug in Bad Schandau. Gerhard Gretzschel sah aus dem Abteilfenster hinaus aufs andere Elbufer, an dem die Häuser des kleinen Kurorts aufgereiht waren. Er sah die Kirche mit der barocken Turmhaube und erahnte im Dunkeln die Berge der Sächsischen Schweiz, die dicht hinter dem Städtchen aufragten. Wie im tiefen Frieden, dachte er, nichts hier erinnert an den Krieg. Irgendwer lief den Gang entlang, man hörte ein paar Wortfetzen, von einem Bombenalarm war die Rede. Er riss die Tür auf, versuchte Genaueres zu erfahren, aber der Gang war leer. Im Nebenabteil saß ein junger Unterleutnant, der etwas mehr verstanden hatte. „Der Bahnbeamte, der eben hier durchlief, hat etwas von einem Bombenalarm in Dresden gesagt. Er kannte aber auch keine Einzelheiten, es sei nur ein Gerücht.“
Der Zug ruckte an, nahm Fahrt auf, hielt aber immer wieder an und blieb in dem nur wenige Kilometer von der Dresdner Stadtgrenze entfernten Industrieort Heidenau endgültig stehen. Über den Bahnhofslautsprecher wurde bekannt gegeben, dass wegen Bombenalarms in Dresden hier Endstation sei. Die Fahrgäste stiegen aus, sie hörten und sahen, dass es diesmal kein Fehlalarm war. Aus der Richtung der Stadt vernahmen sie ein dumpfes Krachen und Knistern, am Himmel war ein roter Feuerschein zu sehen. Kaum jemand sprach ein Wort. Gretzschel ging zur Gepäckaufbewahrung und gab seinen Koffer ab. Dann ging er los, lief schneller, rannte streckenweise. „Die Sorge um das Schicksal meiner Lieben in Dresden beflügelte meinen Fuß“, schrieb er später in seinen Erinnerungen.
Gretzschel lief an der Elbe entlang, sah im Mondschein das barocke Schloss Pillnitz liegen – ein zauberhafter, fast unwirklicher Anblick. Kurz darauf in Kleinzschachwitz kamen ihm die ersten Flüchtlinge entgegen. Rußgeschwärzte Menschen, die sich mit wenigen Habseligkeiten aus dem brennenden Dresden hatten retten können. Er musste an Lot und seine Familie denken, die aus dem brennenden Sodom flohen. An Lots Frau, die noch einmal zurückgeblickt hatte und zur Salzsäule erstarrt war. Wie konnte er da hineingehen, in diese Feuerhölle? Er

Die Rauchdecke, die sich während des Angriffs über das brennende Dresden wälzte, erreichte eine Höhe von etwa fünf Kilometern.

lief einfach weiter, dachte an seine Eltern, wusste, dass nur er ihnen jetzt beistehen, sie retten konnte.
Er kam vorbei am „Blauen Wunder“, der eisernen Elbbrücke, die die Vororte Loschwitz und Blasewitz verband. Die Brücke stand noch, auch die Häuser am Schillerplatz, die Villen in Blasewitz. Doch überall flohen Menschen, viele kamen ihm verletzt entgegen, starrten aus weit aufgerissenen Augen ins Nichts, bemerkten ihn gar nicht. Dann die ersten brennenden Häuser in der Johannstadt. Die Trinitatiskirche, in der seine Frau und er fünf Jahre zuvor getraut worden waren, brannte lichterloh. Wenig später erreichte er das ehemalige Carolahaus – eigentlich ein Krankenhaus, zuletzt aber SA-Kaserne. „Da stand ich plötzlich vor meinen Eltern, die mit Brandwunden bedeckt, mit einer Aktentasche und sonst mit nichts ohne Initiative am Straßenrand standen. Ich erschien ihnen buchstäblich wie ein rettender Engel; denn sie hatten keine Ahnung, dass ich unterwegs war“, erinnerte er sich später.
Er drückte sie an sich und ging dann langsam mit ihnen zur Elbe, wo er ihnen den Ruß abwischte und die Wunden notdürftig versorgte. Dann liefen sie gemeinsam zum Elternhaus in der Wintergartenstraße 67. In den 20er-Jahren hatte der Vater dieses vierstöckige Gebäude mit elf Mietwohnungen erbaut. Nun war es bis auf den ersten Stock heruntergebrannt und brannte noch immer. Von der Wohnung der Eltern in der zweiten Etage war schon nichts mehr übrig. Während sie noch vor dem Haus standen, gab es erneut Fliegeralarm. Gretzschel rannte in den Garten, brach das Schloss der Laube auf und holte einen Handwagen heraus. Dann lief er durch das bereits brennende Erdgeschosstreppenhaus hinunter in den Keller, griff sich wahllos ein paar Kartons mit Wertgegenständen, lud sie auf den Handwagen und eilte mit den Eltern in den Luftschutzkeller eines nahe gelegenen Postamts.

Dieses Foto von der Friedrichstadt wurde vermutlich zwischen dem ersten und dem zweiten Angriff am 13./14. Februar 1945 aufgenommen. Links ist der Turm der Matthäuskirche zu sehen. Sie war 1728–30 nach Plänen des Zwingerbaumeisters Matthäus Daniel Pöppelmann errichtet worden, dessen Grab sich auch hier befindet. Die Kirche brannte aus, bis 1978 wurde sie wieder aufgebaut.

Menschen irren im Feuersturm durch die Stadt. Das von Carl Weinrother aufgenommene Foto dokumentiert das Flammeninferno nach den alliierten Angriffen auf Dresden.

Nachdem Entwarnung gegeben worden war, verließen die Klemperers mit den anderen Bewohnern des Judenhauses den Keller. Neun Tage später schrieb Victor Klemperer über den weiteren Verlauf der Nacht in sein Tagebuch: „Draußen war es taghell. Am Pirnaischen Platz, in der Marschallstraße und irgendwo an oder über der Elbe brannte es lichterloh. Der Boden war mit Scherben bedeckt. Ein furchtbarer Sturmwind blies. Natürlicher oder Feuersturm? Wohl beides. Im Treppenhaus der Zeughausstraße 1 waren die Fensterrahmen eingedrückt und lagen z. T. hindernd auf den Treppen. Bei uns oben Scherben. Fenster eingedrückt auf der Diele und nach der Elbe hin, im Schlafzimmer nur eines; auch in der Küche Fenster zerbrochen, Verdunkelung entzwei. Licht versagte, Wasser fehlte. Man sah große Brände über der Elbe und an der Marschallstraße. Frau Cohn berichtete, in ihrem Zimmer seien Möbel vom Luftdruck verrückt. Wir stellten eine Kerze auf den Tisch, tranken ein bisschen kalten Kaffee, aßen ein paar Brocken, tappten durch die Scherben, legten uns ins Bett. Es war nach Mitternacht – heraufgekommen waren wir um elf."
Das Leben gerettet. Was immer die Zukunft bringen mag, ist jetzt ohne Belang. Jetzt nur noch schlafen. Als Eva das Bett aufschlug, fand sie Scherben darin. Als sie sie weggeräumt hatte, schlief ihr Mann bereits. Aber schon nach kurzer Zeit schreckte sie auf, hörte wieder Sirenen, diesmal leiser, denn es waren nur Handsirenen. Alarm, sie rüttelte ihren Mann wach, stolperte mit ihm die Treppe hinunter. Draußen war es immer noch taghell, die benachbarten Häuser brannten, der Sturm blies. „Ist tatsächlich Alarm?" Ein Stahlhelmposten, der wie immer auf dem früheren Synagogengelände stand, bestätigte das. Eva lief zwei Schritte vor Victor, als sie das Haus Nummer 3 erreichten, das einen schweren Treffer abbekommen hatte. Als Victor aufblickte, war seine Frau verschwunden. War sie schnell vorausgegangen? Vielleicht schon im Keller? Victor Klemperer eilte über den Hof, erreichte den „Judenkeller", rief nach Eva. Keine Antwort. Nur das Wimmern einiger verängstigter Leute, die rechts der Tür kauerten. Einschläge, der Keller erzitterte. Wieder eilten Leute mit der Spritze vorbei, um einen Brand zu löschen. Ein schwerer Einschlag; wie schon beim ersten Angriff sprang das Fenster an der Wand gegenüber auf. Dann eine Detonation in unmittelbarer Nähe. Klemperer griff sich ans Gesicht, dessen rechte Hälfte glutheiß wurde. Blut floss über seine Hand. Er ertastete das Auge, es war noch da. Er konnte noch sehen. Eine Gruppe Russen, wahrscheinlich Kriegsgefangene, niemand wusste, wo sie auf einmal herkamen, drängte zur Tür hinaus. Wieso war Eva immer noch nicht da? Sie konnte doch nicht mehr draußen im Feuer sein ...? Der Professor, den Rucksack umgeschnallt, in der Hand eine Tasche mit seinen Manuskripten und Evas Schmuck, stolperte den Russen hinterher, suchte Anschluss, wollte mit hinaus, Eva suchen. Er lief durch einen engen dunklen Gang, erreichte irgendwann ein Gewölbe, durch das er hinaussteigen konnte, ins Freie. Es war taghell, krachte immer wieder, vor sich sah er einen freien Platz mit einem riesigen Bombenkrater. Er hatte keine Angst, obwohl er glaubte, das sei nun das Ende.
„Hierher, Herr Klemperer!", rief irgendwer. Er erkannte den „Sternjuden" Eisenmann, den kleinen Schorschi auf dem Arm. Er suchte seine Frau und die anderen Kinder. Gemeinsam liefen sie hinüber zur Halle der Reichsbank, aber auch dieses stabile Gebäude brannte, bot keine Zuflucht. „Wir müssen zur Elbe herunter, wir werden durchkommen", sagte Eisenmann, nahm seinen Sohn wieder auf die Schultern und lief los. Klemperer versuchte ihm zu folgen, war aber schon nach wenigen Schritten außer Atem. Es war unsäglich heiß. Er wandte sich um und sah, wie eine Gruppe Leute zur Brühlschen Terrasse hinaufkletterte. Klemperer folgte ihnen, suchte sich, immer dicht an Brandstellen vorbei, seinen Weg nach oben, hoffte, dass er dort mehr Luft bekäme

und besser atmen könnte. Irgendwann hatte er den Aufstieg geschafft, stand oben im Sturmwind und Feuerregen auf Dresdens berühmtester Flaniermeile, die man früher „Balkon Europas“ genannt hatte. Jetzt brannte hier alles, die Kunstakademie, das beliebte Restaurant Belvedere, in dem er früher mit Eva gut gegessen hatte. Er wich dem Funkenregen aus, der mal von links kam, mal von rechts. Am Pirnaischen Platz brannte der hohe Aufbau eines Geschäftshauses als gigantische Fackel. Drüben, am anderen Elbufer, schien sich das Dach des Finanzministeriums in weiße Glut verwandelt zu haben.
War Eva im Feuersturm verbrannt, oder hatte sie sich retten können?

Der Dresdner Hauptbahnhof ist einer der größten Bahnhöfe Deutschlands. Er befindet sich auf der Altstädter Elbseite südlich von Stadtzentrum und Seevorstadt am Ende der Prager Straße, die damals die nobelste Einkaufsmeile der sächsischen Hauptstadt war. Am späten Abend des 13. Februar war der D-Zug nach München zwar hoffnungslos überfüllt, aber trotzdem pünktlich abgefertigt worden. Nachdem alle Türen geschlossen waren, hatte der Stationsvorsteher die Kelle gehoben und mit der Trillerpfeife das Abfahrtssignal erteilt. Die riesigen Räder der schwarzen Schnellzuglokomotive drehten sich langsam, der Zug ruckte an, doch ehe er Fahrt aufnehmen konnte, quietschten die Bremsen, blockierten die Räder, kamen die Wagen wieder zum Stillstand. In einem der wenigen 1.-Klasse-Abteile brüllten sich zwei Männer an, sie stritten um einen Sitzplatz. Einer hatte die Notbremse gezogen und damit die Abfahrt des Zuges verhindert. Die letzte mögliche Abfahrt vor dem Angriff, die letzte Rettung. Die Reisenden begriffen erst spät, dass es jetzt Alarm gab und der Zug nicht mehr fahren würde. Erst zögernd und dann fluchtartig verließen sie die Waggons und hasteten in die Keller des Hauptbahnhofs.
Schon beim ersten Angriff wurde das Gebäude teilweise zerstört. Beim zweiten Nachtangriff wurde der Bahnhof nochmals schwer getroffen, die Halle wurde zerbombt, Waggons brannten aus. Die Keller unter dem Bahnhofsgebäude waren ein Labyrinth, in dem sich niemand zurechtfand. Bei den Einschlägen erzitterten die Mauern, drohten zu brechen. Das Licht verlosch und die Menschen, die sich nun in der Falle wähnten, gerieten in Panik, suchten verzweifelt die Notausgänge, wollten ins Freie. Dabei wurden viele umgerissen, zerdrückt, niedergetrampelt. Viele Kinder und hilflose alte Menschen starben im Dunklen. Wie viele Menschen im Hauptbahnhof umkamen, ist nicht belegt. Zeugen, die tags darauf die Leichen sahen, die zu dritt oder zu fünft im offenen Gang an der Südseite des Bahnhofs gestapelt waren, bevor sie – Tage später – abtransportiert und beerdigt wurden, sprachen von etwa 700 Opfern.[75]

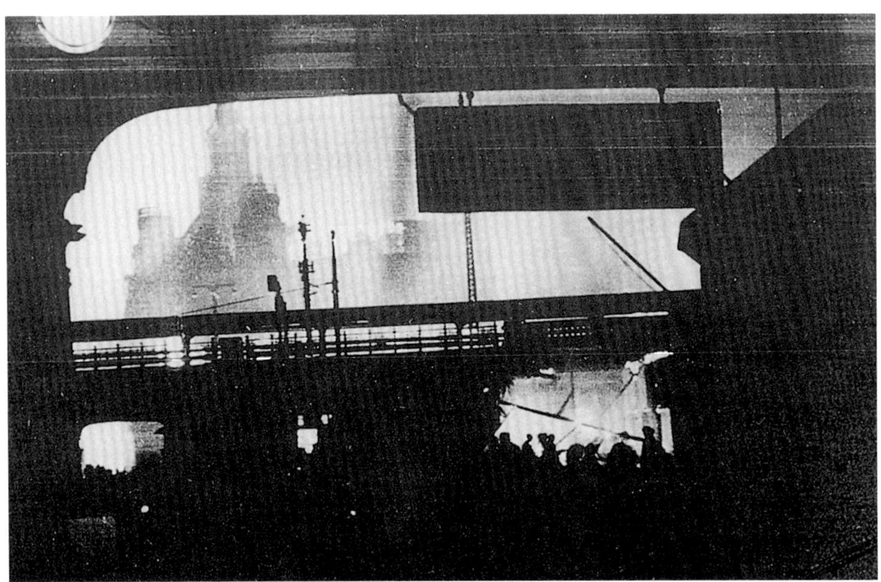

Der Dresdner Hauptbahnhof nach dem ersten Angriff. Vor der Bahnhofsüberführung versperren undurchdringliche Flammenwände den Zugang zur Prager Straße.

„Als das Motorengebrumme etwas nachließ und man in der Nähe keine Einschläge mehr hörte, machte ich mich auf den Weg nach dem Dürerplatz, um nach meinen Schwiegereltern zu sehen“, schrieb Gerhard Gretzschel über die Zeit nach dem zweiten Angriff. Die Häuser der Dürer- und der Holbeinstraße brannten. Vor dem Eingang der Feuerwache Dürerstraße lag ein umgeworfenes, ausgebranntes Löschfahrzeug, aus dessen Führerhaus die Leiche eines Feuerwehrmannes ragte. Schon von weitem sah Gretzschel, dass auch das Haus Dürerplatz 20 getroffen war und lichterloh brannte. Doch davor, in der Mitte des Platzes, saßen seine Schwiegereltern am Boden, mit geschlossenen Augen, Rücken an Rücken gelehnt. Er sprach sie an, richtete sie auf, doch sie waren kaum in der Lage zu erfassen, dass mitten in diesem Inferno der Schwiegersohn kam, sie an die Hand nahm und sie aus dem Flammenmeer herausführte. Gemeinsam gingen sie zurück zum Luftschutzkeller im Postamt, warteten dort noch viele Stunden. Erst am Abend des 14. Februar führte Gretzschel seine Eltern und Schwiegereltern über die Albertbrücke hinüber zur Neustadt, zu Verwandten auf der Böttgerstraße, deren Häuser unzerstört geblieben waren. Obwohl er völlig erschöpft und todmüde war, lieh er sich ein Fahrrad, um nach Ponickau zu fahren, in das Dorf, in dem seine Frau und die beiden kleinen Kinder lebten. „Noch nie war ich diesen Weg mit dem Fahrrad gefahren. In stockfinsterer Nacht, ohne Taschenlampe und ohne Streichhölzer konnte ich in der Nähe von Thiendorf einen Wegweiser nicht entziffern. Um mich nicht zu verlaufen, musste ich warten, bis der Morgen graute. Am frühen Vormittag langte ich in Ponickau an.“ Er konnte seiner Frau gerade noch mitteilen, was in Dresden passiert war und dass Eltern und Schwiegereltern überlebt hatten, sich in der Neustadt in Sicherheit befanden und sich zu Fuß auf den Weg nach Ponickau begeben würden, dann brach er völlig entkräftet zusammen.

Dorothea Gretzschel lieh sich von einem benachbarten Bauern ein Pferdefuhrwerk und fuhr den Ausgebombten entgegen, die sie schließlich kurz vor der Dresdner Stadtgrenze auflas. Sie blieben bis zu ihrem Lebensende im Pfarrhaus.

Als die Sirenen kurz vor dem ersten Angriff losheulten, führten die Wachmänner Kurt Vonnegut und seine Mitgefangenen in den besonders tief gelegenen Fleischkeller des Schlachthofs, ein weiß getünchtes, hallendes Gewölbe mit eiserner Treppe und eisernen Türen oben und unten. An einer Wand standen Bänke. Es war kühl und roch nach Karbol. „Oben waren Geräusche wie von riesigen Schritten. Es waren Reiheneinschläge hochexplosiver Bomben. Die Riesen schritten und schritten. Der Fleischkeller war ein sehr sicherer Unterstand. Alles, was dort unten geschah, war ein gelegentlicher Schauer von Kalkbewurf. Die Amerikaner, vier ihrer Wachleute und einige ausgeweidete

Gegen 23.45 Uhr steht auch die Alte Technische Hochschule in Flammen, an der Victor Klemperer bis zu seiner Amtsentlassung durch die Nazis als Professor für Romanistik tätig gewesen war. Hilflos sehen Umstehende dem Brand des Gebäudes am Bismarckplatz, südlich des Hauptbahnhofs zu.

Tierkadaver waren dort unten – und niemand anders. Die übrigen Wachmannschaften waren, bevor der Luftangriff begann, zu den Annehmlichkeiten ihres eigenen Zuhauses in Dresden gegangen. Sie wurden alle, zusammen mit ihren Familien, getötet. So geht das."[76]

Vonnegut und seine Kameraden saßen zusammengekauert am Boden, warteten, dösten vor sich hin. Die Einschläge schienen kein Ende zu nehmen. Irgendwann entschloss sich einer der Wachmänner die Treppe hinaufzusteigen, um nachzusehen, was da draußen eigentlich geschah. Er kam schnell zurück, schüttelte den Kopf, flüsterte mit seinen Kameraden. „Draußen herrschte eine Feuersbrunst. Dresden war eine einzige große Flamme. Eine Flamme, die alles Organische verzehrte, alles, was brennbar war."

Der Morgen brach an, ohne dass jemand das zur Kenntnis nahm. Die Amerikaner und ihre Bewacher dämmerten vor sich hin. Erst am Mittag des 14. Februar stiegen sie die Treppen wieder hinauf, traten ins Freie und sahen, dass der Himmel über Dresden schwarz war. Schwarz vor Rauch.

„Die Sonne war wie ein zorniger Stecknadelkopf. Dresden war jetzt wie der Mond, nichts als Mineralien. Die Steine waren heiß. Alle anderen im weiteren Umkreis waren tot. So geht das."

Die Gefangenen öffneten die Tür zu einem anderen, weniger tief gelegenen Keller und entdeckten dort die Mädchen aus Breslau, die sie wenige Tage zuvor beim Duschen nackt gesehen hatten. Sie waren alle tot.

Die Umfriedungen, die Dächer und Fenster der Schlachthofgebäude waren verschwunden. Überall auf dem Boden lagen Dinge, die aussahen wie Holzklötze, aber in Wahrheit verkohlte, geschrumpfte Menschen waren. Die Gebäude waren zerborsten. Häuser sahen jetzt aus wie Hügel.

Die Gefangenen stellten sich in Viererreihen auf und marschierten zu dem Schweinestall, in dem sie in den letzten Tagen untergebracht worden waren. Der hatte keine Fenster, kein Dach mehr, war angefüllt mit Asche und Klumpen geschmolzenen Glases. Sie kletterten über die glühenden Trümmerhügel und marschierten weiter, weg vom Stadtzentrum, in die Vorstadt auf der linken Elbseite. Als es dunkel war, erreichten sie ein Gasthaus, dessen Tür sich öffnen ließ. „Es gab einen blinden Gastwirt und seine sehende Frau, welche die Küche besorgte, und ihre beiden jungen Töchter, welche als Serviererinnen und Zimmermädchen tätig waren.

Für diese Menschen gab es aus dem Feuersturm kein Entkommen. Ihre verkohlten Überreste liegen an einer Litfaßsäule am Moltkeplatz.

Viele Menschen versuchten sich in die Elbe oder in Löschwasserbecken zu retten – manche fanden auch hier den Tod.

Diese Familie wusste, dass Dresden zerstört worden war. Die mit Augen hatten es an allen Ecken und Enden brennen sehen und begriffen, dass sie jetzt am Rande einer Todeswüste lebten. Trotzdem hatten sie den Betrieb geöffnet, die Gläser poliert, die Uhren aufgezogen und die Feuerstellen geschürt und warteten und warteten, um zu sehen, wer kommen würde.
Es kam kein großer Zustrom von Flüchtlingen aus Dresden. Die Uhren tickten weiter, die Feuer knisterten, die durchsichtigen Kerzen tropften. Und dann klopfte es an der Tür, und herein kamen vier Wachsoldaten und hundert amerikanische Kriegsgefangene."
„Kommen Sie aus der Stadt?", wollte der Gastwirt wissen. Als die Wachsoldaten das bestätigten, fragte er, ob noch mehr Flüchtlinge zu erwarten seien. Der Soldat zuckte die Schultern und sagte, sie hätten keine lebende Menschenseele mehr gesehen.
Der blinde Gastwirt führte die Amerikaner in den Stall, wo sie im Stroh schlafen konnten. Dann brachte er noch Suppe, Ersatzkaffee und für jeden ein kleines Bier. Dann sagte er auf Deutsch: „Gute Nacht, Amerikaner. Schlaft gut."[77]

Victor Klemperer verbrachte den Rest der Nacht auf der Brühlschen Terrasse, die für Juden verboten war. Er stand, sein Gepäck umklammert und von einer Wolldecke notdürftig vor Sturm, Hitze und Regen geschützt, neben dem brennenden Restaurant Belvedere, blickte auf die brennenden Geschäftshäuser des Pirnaischen Platzes und hinüber auf die andere Elbseite, wo die riesigen Gebäude von Finanz- und Gesamtministerium ebenfalls brannten. Er betrachtete den Untergang Dresdens und dachte dabei nur an Eva, die er verloren, auf die er nicht genügend Acht gegeben hatte. Die Zeit schien stehen zu bleiben. Er dämmerte immer wieder ein, wurde ab und zu angesprochen. Einer erkannte ihn: „Sie sind doch auch Jude?" Es war Herr Löwenstein. Dessen Frau reichte Klemperer eine Serviette, mit der er sein Gesicht verbinden sollte. Ein Holländer, der nur schlecht deutsch sprach, erzählte, dass er aus dem Gestapo-Gefängnis auf der Schießgasse ausgebrochen sei. „Die anderen verbrennen dort."
„Der Sturm riss immer wieder an meiner Decke, tat mir am Kopf weh. Es hatte zu regnen begonnen, der Boden war nass und weich, dort mochte ich nichts hinstellen, so hatte ich schwere körperliche Anstrengung,

Um die Leichenbestattung zu beschleunigen, entschloss man sich etwa eine Woche nach den Angriffen zu einer drastischen Maßnahme. Mit Lkw und Pferdefuhrwerken wurden die Leichen der Bombenopfer zu einer Sammelstelle auf dem Altmarkt transportiert und dort eingeäschert. Die Leichen wurden auf provisorischen Rosten aus Eisenträgern gestapelt und anschließend verbrannt. Einige der beteiligten Einsatzkräfte kannten dieses Einäscherungsverfahren bereits – aus dem Vernichtungslager Treblinka.

Bevor die Leichen auf dem Altmarkt verbrannt wurden, legte man sie nebeneinander auf das Pflaster, um sie zu identifizieren. Doch das erwies sich oft als unlösbare Aufgabe. Viele Opfer waren bis zur Unkenntlichkeit entstellt oder führten keine Dokumente oder persönlichen Gegenstände bei sich, die eine schnelle Identifizierung ermöglicht hätten.

und das betäubte wohl und lenkte ab. Aber zwischendurch war immer wieder als dumpfer Druck und Gewissenstich da, was mit Eva sei, warum ich nicht genug an sie dächte. Manchmal meinte ich: Sie ist geschickter und mutiger, sie wird in Sicherheit sein; manchmal: Wenn sie wenigstens nicht gelitten hat! Dann wieder bloß: Wenn die Nacht vorüber wäre!“

Irgendwann in den frühen Morgenstunden verließ Victor Klemperer seinen Platz, lief am Belvedere vorbei und trat an die Terrassenmauer heran, wo schon eine Menschengruppe stand. Da wurde sein Name gerufen. Er war wie benommen, wandte sich um und sah Eva, die an der Mauer stand, unversehrt im Pelz und mit dem Koffer.

„Wir begrüßten uns sehr herzlich, und der Verlust unserer Habe war uns vollkommen gleichgültig, und ist es auch heute noch. Eva war in dem kritischen Moment aus dem Flur der Zeughausstraße 3 von irgendjemandem buchstäblich in den arischen Luftkeller[78] heruntergerissen worden, sie war durch das Kellerfenster auf die Straße gelangt, hatte beide Häuser 1 und 3 in vollen Flammen gesehen, war eine Weile im Keller des Albertinums gewesen, dann durch den Qualm an die Elbe gelangt, hatte die weitere Nacht teils elbaufwärts mich gesucht, dabei die Vernichtung des Thammhauses (also unseres gesamten Mobiliars) festgestellt, teils in einem Keller unter dem Belvedere gesessen. Einmal auf ihrem Suchweg hatte sie eine Zigarette anzünden wollen und keine Streichhölzer gehabt; am Boden glühte ein Stück, sie wollte es benutzen – es war ein brennender Leichnam.“

Am Morgen des 14. Februar waren Bombergeschwader der 8. amerikanischen Luftflotte im Anflug auf Dresden. Sie starteten gegen acht Uhr von ihren englischen Stützpunkten. Ungefähr zur selben Zeit trennte Eva Klemperer ihrem Mann mit dem Taschenmesser den Judenstern vom Mantel ab. Unter falscher Identität überlebten sie die letzten Wochen der NS-Zeit.

Während viele Dresdner noch im Feuersturm ums Überleben kämpften, viele diesen Kampf bereits verloren hatten und wieder andere wie benommen in den Luftschutzkellern ausharrten und sich nach und nach entschlossen, den Weg ins Freie zu suchen, näherten sich über 300 Fliegende Festungen mit Begleitschutz der brennenden Stadt. Sie waren spät dran, denn eigentlich hätte dieser amerikanische Tagangriff schon vor 24 Stunden stattfinden sollen – als Auftakt des amerikanisch-britischen Zerstörungsschlags gegen die letzte bis dahin weitgehend unzerstörte Großstadt des Deutschen Reichs. Auf Grund des schlechten Wetters hatte das Hauptkommando der US-Bombergruppen in England den Einsatz jedoch vom 13. auf den 14. Februar verschoben.

Als offizielles Ziel war „Dresden marshalling yard“ angegeben, der Dresdner Verschiebebahnhof. In den Einsatzberichten der Bombergruppen tauchen aber auch andere Zielzuweisungen auf, unter anderem „Verbindungs- und Verkehrseinrichtungen in der Stadt Dresden“, „militärische Ziele in der Stadt Dresden“ oder ganz weit gefasst die „Stadt Dresden“. Eines fällt allerdings auf: Obwohl für die Zerstörung von Brücken und Gleisanlagen vorwiegend Sprengbomben gebraucht wurden, hatten die amerikanischen Bomber diesmal einen hohen Anteil von Brandbomben an Bord. Und das lässt darauf schließen, dass es den Amerikanern wie ihren englischen Verbündeten vor allem darum ging, Wohnviertel anzugreifen.[79]

Diesmal war das Wetter schlecht, etwa ein Drittel der 1. amerikanischen Division fand Dresden nicht. Und auch die Besatzungen der Fliegenden Festungen, die ab 12.17 Uhr planmäßig ihre Bomben auf Dresden abwarfen, konnten nicht viel am Boden erkennen. Sie trafen tatsächlich den Verschiebebahnhof Dresden-Friedrichstadt und ein benachbartes Fabrikgebäude, doch die Schäden an den Gleisanlagen hielten sich in Grenzen und ließen sich später relativ schnell beheben. Getroffen wurden auch Rüstungsbetriebe an der Hamburger Straße und einige weitere

Amerikanische Flugzeuge legen bei ihrem Tagangriff am 14. Februar 1945 einen Bombenteppich auf Dresden.

Hier sind der Stadtteil Cotta und der Verschiebebahnhof Friedrichstadt zu sehen, der für den amerikanischen Tagangriff vom 14. Februar ein wichtiges Ziel war. In der Mitte erkennt man die barocke Matthäuskirche, die wenig später abbrannte.

Werkstätten und Fabriken, vor allem aber die Wohnviertel in der Friedrichstadt. Menschen, die schon geglaubt hatten, dem Unheil entkommen zu sein, stürzten nun erneut in die Luftschutzkeller. Bald darauf schlugen die ersten Bomben in die Häuser der Friedrichstraße, der Wachsbleich-, Schäfer-, Berliner, Bremer, Vorwerk- und Waltherstraße ein. Das Ausländerlager in der Bremer Straße brannte lichterloh, viele der hier untergebrachten Zwangsarbeiter fanden den Tod. Bomben trafen das prächtige Marcolini-Palais, das seit dem 19. Jahrhundert als Stadtkrankenhaus genutzt wurde, und die vom Zwingerbaumeister Matthäus Daniel Pöppelmann erbaute Matthäuskirche, die völlig ausbrannte. Und auch der für seine barocken Grabmäler berühmte Innere Katholische Friedhof bekam Treffer ab. Eine Sprengbombe schlug nicht weit von Carl Maria von Webers Grab ein. Der 1826 gestorbene Komponist des „Freischütz" war ursprünglich in St. Paul's Cathedral in London beigesetzt, 1844 aber auf Betreiben von Richard Wagner nach Dresden überführt und hier auf dem Friedrichstädter Friedhof beigesetzt worden.

„Es muss wohl bald gegen Mittag des 14. Februar gewesen sein, als der Luftmangel im Keller so unerträglich geworden war, dass man die Notausgänge, nur leicht vermauerte Ziegelwände, aufbrach, um den Weg nach draußen frei zu machen. Sofort drangen durch diese Öffnung dichte Rauchwolken. Wir konnten einander kaum noch sehen, die Augen tränten, und der Mund trocknete aus. Wir flüchteten aus dem Keller und stellten mit Entsetzen fest, dass auf der Straße die mit Rauch geschwängerte Luft nicht besser war als im Keller", schreibt ein Überlebender.[80]

Kaum vorstellbar, was die Dresdner empfunden haben, als sie feststellten, dass ihre Stadt schon wieder angegriffen wurde, diesmal am Tag. Sollte dieser Irrsinn denn niemals enden? „Die in der Nacht obdachlos gewordenen Menschen, die in die westlichen Stadtviertel geflüchtet waren, fühlten sich durch die Bombardierung am Mittag des 14. Februar regelrecht verfolgt", schreibt Götz Bergander, fügt aber hinzu: „Aber wie so oft, der Schein trügt, denn der Angriff auf dieses Gebiet hätte ja, wäre es nach Plan gegangen, schon am Mittag des 13. stattfinden sollen."[81]

Es gibt eine ganze Reihe von Augenzeugen, die über amerikanische Tieffliegerangriffe in den Mittagsstunden des 14. Februar berichteten. Das ist ein bis heute hoch emotional besetztes und nicht endgültig geklärtes Thema. Sowohl Götz Bergander als auch der Koblenzer Luftkriegshistoriker Helmut Schnatz haben sich intensiv mit dieser Frage beschäftigt, ohne stichhaltige Belege für derartige Angriffe finden zu können. Bergander zweifelt die Beobachtungen einiger Zeitzeugen nicht grundsätzlich an, glaubt aber, dass es sich wahrscheinlich um tief fliegende amerikanische Begleitjäger gehandelt hat, die deutsche Jagdflugzeuge verfolgten. „Bei einer Verfolgungsjagd in Bodennähe", meint Bergander, „können Geschossgarben auch am Boden einschlagen, und es ist ganz natürlich und psychologisch verständlich, dass Menschen im Freien Maschinengewehrsalven als auf sich selbst abgefeuert erleben. Akzeptiert man die These der Verfolgungsjagd, wird man auch verstehen, warum es darüber keine Kriegsdokumente gibt – so etwas war Fliegeralltag –, warum aber auch die Augenzeugen so unterschiedliche Beobachtungen gemacht haben."[82]

Am 15. Februar erlitt Dresden einen weiteren amerikanischen Bombenangriff, der aber angesichts der bereits vorangegangenen verheerenden Zerstörungen von vielen Bewohnern nur noch am Rand registriert wurde. Wieder traf es viele Wohnhäuser, diesmal vor allem in der Südvorstadt. Wie viele Menschenleben dieser vierte Angriff gefordert hat, ist nirgends registriert worden. Aber einigen Menschen rettete er das Leben: Während des Angriffs wurde diesmal auch das Landgericht am Münchner Platz, wo die Gestapo (und nach ihr die DDR-Justiz) viele Todesurteile vollstreckt hat, getroffen. Wäh-

Das Bild, das sich dem deutschen Aufklärungsflieger am 16. Februar bot, war trostlos: Vorn erkennt man das, was von dem beliebten Restaurant „Italienisches Dörfchen“ und vom Nobelhotel „Bellevue“ übrig geblieben war, in der Mitte die Ruinen von Hofkirche, Schloss, Gemäldegalerie und Oper, ganz hinten die Trümmer von Zwinger und Schauspielhaus.

Dresden 1945: Vom Zentrum der Elbmetropole blieb nichts als eine gespenstische Trümmerlandschaft, die die einstige Gestalt der Stadt allenfalls aus der Vogelperspektive erahnen ließ. Die Aufnahme von Richard Peter sen., der auch den berühmten „Engel von Dresden" fotografierte, zeigt den Blick vom Rathausturm über die Altstadt in Richtung Neumarkt. Im Hintergrund links ist der markante Turm der Katholischen Hofkirche zu erkennen, dahinter die Marienbrücke.

rend die Wachmannschaften noch in den Luftschutzkellern ausharrten, konnten zahlreiche politische Häftlinge aus dem teilweise eingestürzten Zellentrakt entfliehen. Unter denen, die durch ein Loch kletterten, das eine Bombe in die Außenwand des wuchtigen Gebäudes gerissen hatte, waren auch einige Gefangene, die schon zum Tode verurteilt worden waren.

Die Schlussmeldung des Dresdner Polizeipräsidenten über die insgesamt vier Luftangriffe vom 13. bis zum 15. Februar 1945 enthält die folgende Aufstellung:

Angriff am 13.2.1945 von 22.09 Uhr bis 22.35 Uhr: Abwurf von etwa 3000 Spreng- und 400 000 Stabbrandbomben.

Angriff am 14.2.1945 von 1.22 Uhr bis 1.54 Uhr: Abwurf von etwa 4500 Spreng- und 170 000 Stabbrandbomben.

Angriff am 14.2.1945 von 12.15 Uhr bis 12.25 Uhr: Abwurf von etwa 1500 Spreng- und 50 000 Stabbrandbomben.

Am 15.2.1945 von 12.10 Uhr bis 12.50 Uhr: Abwurf von etwa 900 Spreng- und 35 000 Stabbrandbomben.[83]

Die Zahl der Opfer konnte nie endgültig geklärt werden. In einigen älteren Publikationen ist von bis zu 400 000 Toten die Rede, mit Sicherheit eine viel zu hoch gegriffene Zahl. Die meisten seriösen Historiker und die Dresdner Stadtverwaltung gehen heute von etwa 35 000 Todesopfern aus.

Am 16. Februar erschien in Dresden erstmals wieder eine Zeitung. Das NSDAP-Blatt „Der Freiheitskampf" titelte: „Trotz Terror: Wir bleiben hart." Im Aufmacher heißt es: „Britische Terrorbomber haben nun auch in unserer Stadt ihr Vernichtungswerk vollzogen und alles in Schutt und Asche geworfen, was uns lieb und teuer ist. Nicht nur, dass diese Mordbrenner wertvolle Kulturdenkmäler, wie die weltberühmte Dresdner Oper, den Zwinger, die Hofkirche und viele andere historische Bauten und Kulturinstitute vernichtet haben, sie brachten auch unendliches Elend über Tausende wehrloser Volksgenossen. Allein, mag dieses Leid auch noch so groß sein und der Verlust unserer Angehörigen und unserer Habe uns noch so sehr treffen: eines haben diese Mörder nicht erreicht, nämlich das, was sie bezwecken wollten, uns weich zu machen für einen ehrlosen und für alle Zeiten verhängnisvollen Frieden. Im Gegenteil, die letzten Terrorangriffe haben uns noch härter und trotziger werden lassen. Sie haben für den Gegner nur eines gebracht, dass wir noch verbissener kämpfen werden in dem unabänderlichen Willen, uns die Entscheidung zu erzwingen."[84]
Ob der Redakteur, der diesen Artikel verfasste, selbst an seine Durchhalteparolen geglaubt hat? Die meisten Überlebenden des Dresdner Infernos hatten nur einen Wunsch: das möglichst schnelle Ende des Krieges.

Elbufer

Würden hier jemals wieder Menschen leben können? Wer die Trümmerwüste betrachtete, in die sich Dresden innerhalb von wenigen Stunden verwandelt hatte, konnte daran zweifeln.

Folgende Doppelseite: Die „Bärenschenke“ an der Webergasse war einmal eine der traditionsreichsten und beliebtesten Gaststätten Dresdens. Im Hintergrund ist der Turm der Kreuzkirche zu sehen.

Bären-
Schänke
Bären Schänke

Die Zeit danach …
Wie ein weltberühmtes Foto entstand

Nach dem 13. und 14. Februar war die Stadt zunächst wie gelähmt. Während Zigtausende Ausgebombte nur notdürftig Unterkunft fanden, zunächst oft in Schulen, Gasthöfen, Turnhallen und öffentlichen Gebäuden der Außenbezirke und Nachbargemeinden, stand die Stadtverwaltung vor kaum lösbaren Aufgaben. Die Menschen irrten durch die Trümmerlandschaft und schrieben mit Kreide Überlebens- und Suchmeldungen an die Wände. Nur mit größter Mühe gelang es den Behörden, sie zu verpflegen. Dass die Front immer näher an die Stadt heranrückte, verdrängten jene, die weder etwas über das Schicksal ihrer Angehörigen wussten, noch eine Vorstellung von der eigenen Zukunft besaßen.

„Die Innenstadt innerhalb der Straßenbahnlinie 26 ist total vernichtet, wenn auch Teile einzelner Gebäude für einen beschränkten Bedarf wieder benutzbar gemacht werden können", heißt es in einer Lageeinschätzung der Dresdner Bauverwaltung vom 2. März 1945.[85] Tags darauf erstellte die Dresdner Polizeibehörde eine Liste von 17 Sperrgebieten, also von Arealen, die nicht mehr betreten werden durften. Zu den „toten Gebieten" gehörten unter anderem Sophienstraße, Schlossplatz, Brühlsche Terrasse, Neumarkt und Rampische Straße – jene Viertel, deren Schönheit einst den Ruf der Barockstadt begründet hatte.

Rettungsmannschaften, die zunächst noch Verschüttete aus Kellern und zusammengestürzten Gebäuden befreiten, konnten bald nur noch Leichen bergen: Manche sahen aus, als schliefen sie nur. Bei manchen waren die Extremitäten auf unnatürliche Weise verdreht. Manche waren verkohlt, auf die Größe von Puppen zusammengeschrumpft. Bei einigen ließ die Körperhaltung noch den Todeskampf erkennen. Um Seuchen vorzubeugen, wurden bis Ende Februar mitten in der Stadt etwa 6865 Tote verbrannt. Der Maler und Zeichner Wilhelm Rudolph (1889–1982) war Augenzeuge. Er schrieb: „Auf dem Altmarkt hatte man die Toten zusammengetragen in den Tagen darauf; zusammengekarrt aus allen Stadtteilen, fuhrenweise; wie Kadaver-Fuhren. Dann wurden die Menschen verbrannt, in solchen Stapeln; immer zwei-, dreihundert auf einem Haufen. Schwellen dazwischen, solche Träger, damit es besser brennt; brannte aber schlecht. Fässer Benzin drüber, angezündet, brannte aber schlecht. Da hat man diese Leichen mit Flammenwerfern verbrannt. Hahn

Fragen und Antworten auf Leben und Tod: Noch Monate nach dem Bombenangriff dienten die Trümmerwände als wichtiges Medium der Kommunikation.

hat das fotografiert. Man hat ihn auch festgenommen, dass er solches Grauen dokumentiert; dann wieder freigelassen. Kompetenzstreitigkeiten. Man dachte wohl, dass man das später mal verwenden könnte. Nach dem Endsieg."[86]
Die Fotos, die Walter Hahn (1889–1969) damals aufnahm, sind erhalten geblieben. Auch Kurt Vonnegut jr. war an der Bergung der Opfer beteiligt. 1992 erinnerte er sich in einem Interview daran: „Vom Schlachthof zogen wir nun täglich in die Stadt und schaufelten die Luftschutzräume und Keller frei, um die Leichen rauszuholen. Wenn wir in so einen Luftschutzraum reinkamen, sah das aus wie in einer vollen Straßenbahn, deren Fahrgäste gleichzeitig einen Herzschlag bekommen hatten. Da saßen Leute auf Stühlen und Bänken und waren tot."[87]
Nach und nach wurden zumindest die wichtigsten Straßen von den Trümmern so weit geräumt, dass Fußgänger und einzelne Kraftfahrzeuge sie wieder passieren konnten. Etwa 60 000 Wohnungen waren zerstört, 60 bis 70 Prozent aller Einzelhandelseinrichtungen, zudem ein großer Teil des Fuhrparks sowie viele Eisenbahn- und Binnenhafenanlagen. Noch während der Löscharbeiten begannen am Schlachthof die Reparaturen; die Brotfabrik und die Großfleischerei an der Rosenstraße konnte die Technische Nothilfe bis Ende März wieder in Gang setzen.[88]
Das Leben ging zwar irgendwie weiter, aber die Menschen waren traumatisiert. Die Stimmungslage, die bis Kriegsende in Dresden herrschte, war von Trauer und Trostlosigkeit gekennzeichnet. Der Dramatiker Gerhart Hauptmann, der den Bombenangriff im Sanatorium Weidner in Dresden-Loschwitz miterlebt hatte, schrieb noch im Februar seine berühmte Klage über Dresden:
„Wer das Weinen verlernt hat, der lernt es wieder beim Untergang Dresdens. Dieser heitere Morgenstern der Jugend hat bisher der Welt geleuchtet. Ich weiß, dass in England und Amerika gute Geister genug vorhanden sind, denen das göttliche Licht der Sixtinischen Madonna nicht fremd war und die, von dem Erlöschen dieses Sternes allertiefst schmerzlich getroffen, weinen.
Und ich habe den Untergang Dresdens persönlich erlebt. Wenn ich das Wort ‚erlebt' einfüge, so ist mir das jetzt noch wie ein Wunder. Ich nehme mich nicht wichtig genug, um zu glauben, das Fatum habe mir dieses Entsetzen gerade an dieser Stelle in dem fast liebsten Teil meiner Welt ausdrücklich vorbehalten.
Ich stehe am Ausgangstor des Lebens und beneide alle meine toten Geisteskameraden, denen dieses Erlebnis erspart geblieben ist.

Dresden im Mai 1945: Das NS-Regime war endlich verschwunden, dafür kamen die Sowjets als neue Herren in die Stadt. Im Vordergrund ist ein sowjetischer T-32-Panzer mit Rotarmisten zu sehen. Für die meisten von ihnen waren Ruinen seit Jahren ein vertrauter Anblick. Viele hatten Angehörige im Krieg verloren, kamen aus Städten und Dörfern, die nur noch verbrannte Erde waren. Für sie waren die Deutschen meist ausnahmslos „Faschisten", ganz gleich, ob sie sich als Nazis schuldig gemacht oder selbst unter ihnen gelitten hatten.

Ich weine. Man stoße sich nicht an dem Wort weinen; die größten Helden des Altertums haben sich seiner nicht geschämt. Ich bin nahezu dreiundachtzig Jahre alt und stehe mit einem Vermächtnis vor Gott, das leider machtlos ist und nur aus dem Herzen kommt: es ist die Bitte, Gott möge die Menschen mehr lieben, läutern und klären zu ihrem Heil als bisher."[89]

Am 8. Mai hatten die sowjetischen Truppen Dresden erreicht. Der Befehlsstand der 1. Ukrainischen Front unter Marschall Konew befand sich am nordwestlichen Stadtrand. Die letzte sinnlose Aktion der letzten, noch in Dresden verbliebenen fanatischen SS-Leute war die Sprengung aller Elbbrücken. Nur das „Blaue Wunder", die eiserne Brücke zwischen Loschwitz und Blasewitz, blieb verschont, weil – unter bis heute nicht genau geklärten Umständen – die Dresdner Erich Stöckel, Paul Zickler und Brückenkommandant Wirth die Sprengung unabhängig voneinander in letzter Minute verhinderten.[90]

Mit dem Einmarsch der Roten Armee war der Krieg beendet, nicht aber die Not der Menschen. Es gab Verhaftungen, Erschießungen, Vergewaltigungen und Plünderungen. Zu leiden hatten nicht nur Nazis und Profiteure des alten Systems, sondern auch viele Unschuldige. Doch seit Mai 1945 gab es für die Menschen zumindest wieder die Hoffnung auf ein einigermaßen normales Leben.

Sieben Monate nach der Zerstörung Dresdens, am 17. September, traf der Fotograf Richard Peter (1895–1977) aus der Kriegsgefangenschaft wieder in Dresden ein. Als er den Hauptbahnhof verließ, war er wie benommen. Jahrelang hatte er die Frauenkirche, den Zwinger, die Semperoper und die anderen berühmten Dresdner Bauten fotografiert, bei Tag und bei Scheinwerferlicht in der Nacht. Nichts davon war mehr da. Nachdem er seine Frau wiedergefunden hatte, erfuhr er, dass mit seiner Wohnung in der Ostbahnstraße auch der wertvolle Bestand an Negativen zerstört worden war. Nun lief er mit einer geliehenen Leica als Chronist des Grauens durch die Trümmerwüste und fotografierte die Ruinen und die menschlichen Überreste, die noch jahrelang darunter geborgen wurden.

An einem sonnigen Tag im Spätherbst 1945 stieg Peter auf den Rathausturm, der hoch aus dem Trümmermeer aufragte. „Das war gar nicht so einfach und auch nicht ungefährlich", erinnerte sich seine Witwe Ly Peter knapp 50 Jahre später in einem Beitrag des Hamburger Abendblatts. „Die Fahrstühle funktionierten natürlich nicht, und die Treppen waren zerstört. Da hat er sich eine Leiter beschaffen müssen." Oben angekommen, sah er zum ersten Mal das volle Ausmaß der Katastrophe. Er stellte sein Stativ auf, schraubte die Kamera an und nahm ein Foto auf, das weltberühmt wurde, eines *der* Fotos des 20. Jahrhunderts: Eine Plastik des Rathausturms weist wie ein zu Stein erstarrter Engel mit ratloser Geste über die schier endlose Trümmerwüste der zerstörten Stadt. Berührender lässt sich die Absurdität des Krieges nicht in Bilder fassen. „Dresden – eine Kamera klagt an", heißt das Buch mit Peters erschütternden Fotografien, das 1949 zum ersten Mal erschien und später mehrfach neu aufgelegt wurde.[91]

Ein Foto, das um die Welt ging: Im Herbst 1945 kletterte der Fotograf Richard Peter sen. auf den nur notdürftig gesicherten Rathausturm, um diesen Blick auf das Trümmermeer seiner Heimatstadt aufzunehmen. Mit ratloser Geste weist die engelsähnliche Skulptur auf die Skelette der ausgebrannten Häuser.

Dieselbe Perspektive zehn Jahre später: Die Straßen, die durch eine fast unwirkliche Leere führen, scheinen aus dem Nichts zu kommen und ins Nichts zu münden. Statt eines Wiederaufbaus hatte die kommunistische Stadtverwaltung den Abriss aller Ruinen angeordnet. Tabula rasa für ein neues, geschichtsloses Stadtbild.

Die Ästhetik des Grauens: Bisweilen erinnerte Dresdens Ruinenlandschaft – wie hier südlich des Hauptbahnhofs – an die Trümmer antiker Städte.

Gegenüberliegende Seite: Lange Zeit einer der schönsten und malerischsten Durchblicke auf die Altstadt, jetzt nur noch ein Bild der Trostlosigkeit: die Münzgasse und im Hintergrund die Ruine der Frauenkirche

Dieser Blick vom Turm des Ständehauses zeigt das Georgentor mit dem zerstörten Schloss und dem Hausmannsturm sowie rechts die Ruine der Katholischen Hofkirche.

Auch eines der berühmtesten Bauwerke Dresdens, der von Matthäus Daniel Pöppelmann in den Jahren 1709 bis 1732 erbaute Zwinger, ging im Feuersturm unter. Von den sechs Pavillons, die die Anlage umrahmten, blieben nur Trümmer. Im Bild der zerstörte Wallpavillon

Gasse
Lebensmittelgeschäft

Von Steinblöcken, Trümmerteilen und durchglühten Eisenträgern meterhoch übersät: die Walpurgisstraße, von der Lüttichaustraße zum Ferdinandplatz gesehen

Manchen Dresdnern gelang es noch, einzelne Möbel oder etwas Hausrat aus ihren zerstörten Wohnungen zu bergen. Aber das erwies sich oft als lebensgefährliches Unternehmen, nicht nur aufgrund der ständigen Einsturzgefahr, sondern auch weil man sich schnell dem Vorwurf der Plünderung ausgesetzt sehen konnte.

Überall in der Stadt wurden die Schienen für Trümmerbahnen verlegt. Da sich die meisten Männer zunächst an der Front und später in Gefangenschaft befanden, waren es überwiegend Frauen, die die Loren füllen und bewegen mussten.

Die Dresdner Straßenbahnen fuhren wieder durch die Ruinen der Stadt. Zu den Erfahrungen, die die Fahrgäste in der unmittelbaren Nachkriegszeit oft machten, gehörte ein unfreiwilliger Halt: Alle mussten aussteigen und einige Zeit bei der Beräumung der Trümmer helfen.

Auch Greise, wie dieses alte Dresdner Ehepaar auf dem 1945 entstandenen Foto, wurden zur Arbeit herangezogen: Gustav Piltz war damals 76, seine Frau Alma 72 Jahre alt.

Ein alltägliches Bild im Nachkriegs-Dresden: Unzählige Helfer, darunter viele Frauen und Mädchen, tragen die Trümmerberge ab.

„Trümmerfrauen" leisteten Schwerstarbeit. Im Hintergrund dieses Fotos aus dem Jahr 1946 ist die ausgebrannte Ruine des Neuen Rathauses zu sehen. Es wurde in vereinfachter Form wieder aufgebaut.

Noch brauchbare Mauersteine wurden gesammelt, von Mörtelresten gereinigt und zu Stapeln geschichtet, um dann zum Wiederaufbau verwendet zu werden.

Die San-Remo-Legende: Propaganda im Kalten Krieg

Die sowjetischen Truppen, die am 8. Mai nach Dresden einmarschierten, dürften ihren Augen kaum getraut haben: Als sie mit ihren Fahrzeugen über das „Blaue Wunder", die einzige unzerstörte Elbbrücke, rollten, konnten sie am Turm einer Villa hoch oben auf dem Elbhang ein Sternenbanner im Wind flattern sehen. Amerikaner in Dresden? Die sowjetischen Offiziere, die schon bald in der Villa „San Remo" in einem noblen Villenvorort, dem früheren Kurbad Weißer Hirsch, auftauchten, waren misstrauisch, aber sie ließen die amerikanische Familie zunächst unbehelligt. Schließlich waren die USA zu diesem Zeitpunkt noch Alliierte.

Der Deutsch-Amerikaner John Noble (auf dem Foto links) und sein Vater Charles (rechts) wurden 1945 von den Sowjets der Spionage beschuldigt und verhaftet. John saß bis 1955 in sowjetischen Straflagern und wurde erst dank einer Intervention des amerikanischen Präsidenten Eisenhower entlassen.

Charles Noble, der Hausherr von „San Remo", war 1892 als Karl Spanknöbel in der Nähe von Kassel geboren worden, seine Frau stammte aus Schönebeck. Nach ihrer Heirat gingen sie 1918 zunächst in die Schweiz und drei Jahre später in die USA, wo sie ihren für Amerikaner unaussprechlichen Namen anglisierten. In Detroit gründeten sie ein Fotolabor, das bald zu den Marktführen gehörte.

Die Rückkehr nach Deutschland geschah eher zufällig: 1937 las Charles Noble in einer Detroiter Zeitung, dass der Dresdner Fabrikant Benno Thorsch seine Kamerafabrik zum Kauf anbot. Gemeinsam mit Paul Guthe hatte Thorsch 1919 die „Dresdner Kamerawerkstätten" gegründet, eine Firma mit legendärem Ruf. Seit den 30er-Jahren produzierten sie hochwertige Spiegelreflexkameras, die auch in die USA exportiert wurden. Auf Grund ihrer jüdischen Herkunft von den Nationalsozialisten verfolgt, flohen Guthe und Thorsch in die Schweiz, konnten aber ihre Fabrik noch zum Kauf anbieten. Noble machte Thorsch ein ebenso einfaches wie attraktives Angebot, das dieser auch sofort annahm. Sie tauschten die Firmen, Thorsch übernahm in Detroit das Großlabor, und Noble zog mit seiner Familie nach Dresden, wo er im Stadtteil Niedersedlitz Kameras produzierte. Mit seiner neu entwickelten „Praktiflex", dem Vorgängermodell der „Praktica", machte Noble auf der Leipziger Frühjahrsmesse 1939 Furore.

Auch während des Krieges konnte Noble weiter produzieren, schließlich waren seine Kameras begehrte Exportwaren. Schwierig wurde die Lage erst, nachdem die USA 1941 in den Krieg eingetreten waren. Nun galten die Nobles als „feindliche Ausländer", mussten sich alle drei Tage im Polizeipräsidium melden, durften nur noch bestimmte Straßen und Verkehrsmittel benutzen und ausschließlich in einem bestimmten Lebensmittelgeschäft – auf der heutigen Fetscherstraße – einkaufen.

Noch im Januar 1945 sollten die Nobles gemeinsam mit etwa 900 Amerikanern gegen 1800 Deutsche, die sich noch in den USA aufhielten, ausgetauscht werden. Drei Tage warteten sie in Ravensburg am Bodensee, wurden dann aber in letzter Minute auf Veranlassung der Gestapo doch noch von der Liste gestrichen. Die Gründe dafür haben sie nie erfahren. Sie kehrten nach Dresden zurück, wo sie einige Tage später den Bombenangriff überlebten. Der Weiße Hirsch wurde nicht bombardiert, außer zerbrochenen Gläsern und Fensterscheiben gab es an der Villa „San Remo" keine Schäden. Auch die Kamerawerke in Niedersedlitz blieben weitgehend verschont.

John Noble, der damals 21 Jahre alte Sohn von Charles, war am frühen Morgen des 8. Mai gemeinsam mit seinem Bruder George die Wendeltreppe im Turm von „San Remo" hinaufgestiegen, um die amerikanische Flagge zu hissen. Am Tor brachten sie ein Plakat mit der russischen Aufschrift an: „Dieses Grundstück gehört einem Amerikaner!"

Zunächst respektierten die Sowjets die amerikanischen Staatsbürger. Die Nobles konnten weiterhin Kameras produzieren und blieben weitgehend unbehelligt. Doch das sollte sich ändern. Bald nach dem Ende des Zweiten Weltkriegs begann der Kalte Krieg. Aus Alliierten wurden Feinde, und die Sowjets beschuldigten die Nobles, sie seien amerikanische Spione. Am 5. Juli wurden Charles und John Noble inhaftiert, erst in einer russischen Dienststelle in der Bautzner Landstraße 114, dann im berüchtigten Gefängnis am Münchner Platz. Aber das war nur der Auftakt eines Leidenswegs, der Charles nach Waldheim, John aber bis ins sibirische Lager Workuta führte. Nachdem Charles Noble 1952 entlassen worden und in die USA zurückgekehrt war, bemühte er sich um die Freilassung seines Sohnes. Das hatte erst 1955 Erfolg, als sich US-Präsident Dwight D. Eisenhower persönlich für den im Gulag inhaftierten Deutschamerikaner einsetzte. Aus der Sowjetunion in die DDR ausgeflogen und anschließend von Ost- nach Westberlin abgeschoben, kam John Noble in ein US-Militärkrankenhaus, wo er sich sofort Stift und Papier geben ließ, um Namen und Daten aus der Lagerhaft aufzuschreiben. Als einer der ersten ehemaligen Häftlinge berichtete er auf einer Pressekonferenz in Westberlin über den grausamen Lageralltag in Workuta.

„Vor rund 200 Reportern habe ich versucht, die Wahrheit zu berichten, von den Zuständen in den sowjetischen Lagern und von den Ausländern, die ich dort getroffen habe. Und das wurde natürlich als stark antikommunistisch aufgefasst. Das war schockierend für die Presse damals in den USA und in Europa. Man hat doch angenommen, dass nach dem Besuch von Herrn Adenauer auch alle Deutschen freigelassen worden wären, was bei weitem nicht der Fall war", erinnerte sich John Noble später.[92]

Es gehört zur absurden Logik des Kalten Kriegs, dass die SED dies zum Anlass nahm –

Die Villa „San Remo". Auf dem Turm dieses schlossartigen Gebäudes habe Noble gestanden und den alliierten Bombern mit Lichtzeichen den Weg gewiesen – behauptete der SED-Funktionär Max Seydewitz. Diese Lügengeschichte ist zwar längst widerlegt, wird aber noch immer erzählt.

Nachdem John Noble am 11. Januar 1955 in einer Pressekonferenz in Westberlin über seine Lagerhaft in der Sowjetunion berichtet hatte, erschienen in den großen DDR-Tageszeitungen – wie zum Beispiel in der Sächsischen Zeitung vom 19. Januar 1955 – Artikel des ehemaligen sächsischen Ministerpräsidenten Max Seydewitz, in denen er behauptete, die Nobles hätten als amerikanische Agenten die alliierten Bombenangriffe auf Dresden gelenkt.

DRESDENS VERNICHTUNG von Dresden aus gelenkt

Von Max Seydewitz, Abgeordneter der Volkskammer unserer Republik

Westberliner Zeitungen veröffentlichen in diesen Tagen Hetzberichte des Amerikaners John Noble, ohne mit einem einzigen Wort auf die verbrecherische Rolle einzugehen, die er und sein Vater als imperialistische Agenten während des Nazikrieges in Dresden spielten. Über die Vergangenheit der Nobles und ihre Tätigkeit in Deutschland gibt das Buch des Volkskammerabgeordneten Max Seydewitz „Zerstörung und Wiederaufbau von Dresden" genauere Auskunft. Nachfolgend veröffentlichen wir Auszüge aus einem Kapitel dieses Buches, das in Kürze im Kongreß-Verlag erscheinen wird.

In der letzten Phase des Krieges hatten manche der wichtigen englischen und amerikanischen Agenten, die im Auftrag ihrer Herren in Deutschland saßen, sich auch den Naziführern zu erkennen gegeben. Mancher Dresdner wird sich gewundert haben, daß in der schönen großen Villa San Remo auf dem Weißen Hirsch, unmittelbar neben dem Luisenhof, ein amerikanischer Staatsbürger namens Noble mit seiner Familie wohnte, der wie ein Millionär lebte und dem keine Nazibehörde irgendwelche Beschränkungen auferlegte, geschweige denn ihn internierte, wie man das im Krieg gewöhnlich mit feindlichen Ausländern tat.

Dank der guten Arbeit des von den Naziführern wohlinformierten Mister Noble war das anglo-amerikanische Oberkommando über die Verhältnisse in Dresden aufs beste informiert. Der britische Luftmarschall Harris und der Oberkommandierende der amerikanischen Luftwaffe, General Spaatz, wußten ganz genau, daß Dresden mit Flüchtlingen und Verwundeten überfüllt war. Sie kannten genau die Lage der dichtbevölkerten Stadtteile in der inneren Stadt, die Lage des Zwingers und der Frauenkirche, die Lage der anderen Kulturdenkmäler und Kirchen. Sie waren auch informiert, wo in Dresden die militärischen Objekte lagen, auf die am 13. Februar keine Bomben abgeworfen wurden. Ausdrücklich verboten war den Fliegern, Bomben auf den Weißen Hirsch abzuwerfen; denn das anglo-amerikanische Oberkommando wollte auf keinen Fall das Leben des in diesem Stadtteil wohnenden, ihm so wertvollen Agenten gefährden. Darum war der Weiße Hirsch einer der wenigen Stadtteile Dresdens, die von den Luftangriffen am 13. und 14. Februar verschont blieben.

Obwohl die Naziführung ganz genau wußte, daß der Terrorangriff auf Dresden von Mister Noble dirigiert worden war, hat sie auch nach dem an der Kunststadt Dresden und ihrer Bevölkerung begangenen furchtbaren Verbrechen diesen Amerikaner nicht verhaftet und abgeurteilt. Die Gründe dafür finden wir in einem Telefongespräch, das Goebbels am 14. Februar um 4 Uhr morgens mit dem in Grillenburg in Sicherheit sitzenden Mutschmann führte. In diesem Telefongespräch über die Wirkung der Luftangriffe auf Dresden, das mitstenographiert wurde und dessen Niederschrift am Ende des Krieges noch vorlag, beauftragte Goebbels den sächsischen Gauleiter, „die Verbindung zu Noble nicht abreißen zu lassen"; denn „der Mann ist nicht mit Gold zu bezahlen". Das bezog Goebbels auf die von Noble den Naziführern für die Zeit nach der Kapitulation zugesagte Unterstützung. Man kann sich vorstellen, was Mutschmann und Noble bei ihren ganz geheimen Zusammenkünften über diese Frage geredet haben mögen.

Die Mutschmänner, Goebbels und Konsorten wollten gemeinsam mit den Nobles,

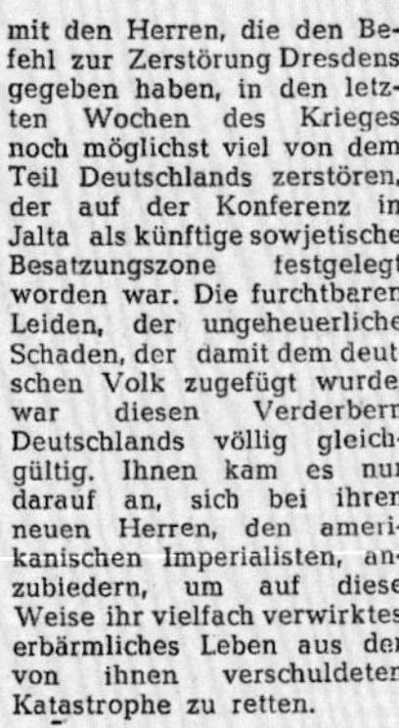

Das ist die Villa San Remo in dem von amerikanischen Bomben verschonten Dresdner Stadtteil Weißer Hirsch. Hier wohnten die Nobles, jene amerikanischen Agenten, die beauftragt waren, die Zusammenarbeit der Wallstreet mit dem Naziregime gegen die Sowjetunion zu organisieren.

Foto: Mohn

mit den Herren, die den Befehl zur Zerstörung Dresdens gegeben haben, in den letzten Wochen des Krieges noch möglichst viel von dem Teil Deutschlands zerstören, der auf der Konferenz in Jalta als künftige sowjetische Besatzungszone festgelegt worden war. Die furchtbaren Leiden, der ungeheuerliche Schaden, der damit dem deutschen Volk zugefügt wurde, war diesen Verderbern Deutschlands völlig gleichgültig. Ihnen kam es nur darauf an, sich bei ihren neuen Herren, den amerikanischen Imperialisten, anzubiedern, um auf diese Weise ihr vielfach verwirktes erbärmliches Leben aus der von ihnen verschuldeten Katastrophe zu retten.

Die Familie Noble ist auch nach Beendigung des Krieges noch einige Zeit in ihrer schönen Villa San Remo wohnen geblieben. Sie hatte den Auftrag, die Agentenarbeit, die sie in Dresden schon während des Krieges gegen die Sowjetunion geübt hatte, nach dem Krieg in der sowjetischen Besatzungszone fortzusetzen. Aber da Mutschmann, der als Gauleiter immer den starken Mann und brutalen Diktator gespielt hatte, sich nach seiner Verhaftung als erbärmlicher Feigling und Jämmerling erwies, hat er wahrscheinlich alles auch über seine Zusammenarbeit mit Noble und über dessen Tätigkeit ausgesagt.

Jedenfalls hat man den Nobles frühzeitig die weitere Ausübung ihres verbrecherischen Handwerks unmöglich gemacht. Die schöne Villa San Remo wurde erst Gästehaus der Stadt Dresden und später Klubhaus für die Kulturschaffenden. Von der Veranda dieser auf der Höhe des Weißen Hirsches gelegenen Villa kann man die ganze Stadt übersehen. Gewiß haben die Nobles in der Nacht des Faschingsdienstags darauf gewartet, daß pünktlich, wie vereinbart, die „Christbäume" über der nachtdunklen Silhouette Dresdens auftauchen und den Bomben das Ziel zeigen würden. Gewiß haben die Nobles dann am Fenster der Veranda von San Remo gestanden, das grauenhafte Schauspiel der auflodernden Flammen und den Zusammensturz der kostbaren Kulturdenkmäler genossen und mit hämischer Befriedigung die Zerstörung der Kunststadt Dresden und damit die Erfüllung des von ihnen dirigierten und mit Unterstützung der Naziführer ausgeführten Auftrags festgestellt.

Die am Ende des Krieges erfolgte Zerstörung der Kunststadt Dresden ist nur ein Beispiel für die Verbrechen, welche sowohl die deutschen Imperialisten, Militaristen und Faschisten als auch die anglo-amerikanischen Imperialisten bei ihrer damals noch geheimen Zusammenarbeit am deutschen Volk begangen haben. Nach dem zweiten Weltkrieg arbeiten die in- und ausländischen Verderber Deutschlands schon seit längerer Zeit ganz offen zusammen, und das Kernstück dieser Zusammenarbeit ist die Vorbereitung eines neuen imperialistischen Raubkrieges, die Vorbereitung neuer furchtbarer Verbrechen gegen die Völker.

In „United States Strategic Bombing Survey" wurde festgestellt, daß es zu Beginn des Luftkrieges gegen Deutschland schwierig war, die richtigen Ziele ausfindig zu machen, da die USA damals in Deutschland noch keinen funktionierenden Spionageapparat hatten und es dem Kommando der Luftwaffe an Informationen über kriegswichtige Ziele fehlte. Wörtlich heißt es darüber in dem amtlichen amerikanischen Bericht:

„Es gab zwischen militärischen und anderen Organisationen — gleich, ob sie privat oder staatlich waren — keine Zusammenarbeit. Diese wurde erst während des Krieges entwickelt. Die Erfahrung hat uns gelehrt, daß es klüger ist, solche Institutionen ständig (also auch im Frieden — d. Verf.) existieren zu lassen."

Entsprechend diesem Vorschlag haben die amerikanischen Imperialisten nach Beendigung des Krieges ihren in Deutschland geschaffenen Spionageapparat aufrechterhalten und weiter ausgebaut, um sich mit ihm ein Instrument für den von ihnen vorbereiteten nächsten Krieg zu schaffen. Unter den heutigen Mitarbeitern der amerikanischen Spionagezentrale sind viele vom Gericht verurteilte, aber von den Amerikanern aus den Zuchthäusern befreite nazistische Kriegsverbrecher. An der Spitze der auf diese Weise verstärkten faschistischen Spionageorganisation steht der Nazigeneral Gehlen, dessen leitende Mitarbeiter ehemalige SS- und Gestapoführer sind. Die Tätigkeit der Gehlen-Organisation ist ein Musterbeispiel dafür, wie amerikanische Imperialisten und deutsche Faschisten bei der Vorbereitung eines neuen Krieges ganz offen zusammenarbeiten.

Die Völker müssen den Kriegstreibern ein ganz dicken Strich durch die Rechnung machen; denn sie werden die Leidtragenden sein, wenn es den deutschen und amerikanischen Imperialisten gelingt, den dritten Weltkrieg zu entfesseln, auf den beide — wenn auch aus verschiedenen Motiven und mit verschiedenen Hoffnungen — gemeinsam hinarbeiten.

zehn Jahre nach der Zerstörung Dresdens – die San-Remo-Legende in die Welt zu setzen, eine Lüge, die jahrelang verbreitet wurde. Max Seydewitz (1892–1987), ein strammer Stalinist, der – bis die Länder in der DDR 1952 aufgelöst wurden – sächsischer Ministerpräsident war und später als Generaldirektor an der Spitze der Staatlichen Kunstsammlungen stand, behauptete zunächst in Zeitungsartikeln, dann in seinem 1955 erstmals erschienenen Buch „Die unbesiegbare Stadt", der amerikanische Fabrikant Charles A. Noble habe nicht nur für die Nazis und die Amerikaner gleichzeitig spioniert, sondern auch „den Terrorangriff auf Dresden" dirigiert. Laut Seydewitz war Noble „als wichtiger Verbindungsmann für die auch im Kriege fortzuführende Zusammenarbeit der amerikanischen und deutschen Monopolkapitalisten avisiert worden. Zu den Aufgaben Nobles gehörte natürlich auch, gegen die Sowjetunion zu intrigieren und zu spionieren, wobei ihn die Totengräber Deutschlands nur zu gern unterstützten. Das hinderte Noble natürlich nicht, auch gegen das Dritte Reich zu spionieren. Für die Informationen über die Sowjetunion, die er auf dem Funkweg von Beauftragten seiner Herren in Wallstreet erhielt und den Naziführern weitergab, erhielt er von diesen sehr vertrauliche Informationen über Deutschland, die er von der Sendestation im Haus ‚San Remo' seinen Auftraggebern übermittelte. Dank der guten Arbeit des von den Naziführern wohlinformierten Mister Charles Noble war das anglo-amerikanische Oberkommando über die Verhältnisse in Dresden bestens informiert."[93]

Das war eine Geschichte, die die Einbildungskraft beflügelte: Auf dem Turm einer der schönsten Villen von Dresden, die einen phantastischen Panoramablick auf die Stadt bietet, steht in der Nacht des 13. Februar 1945 ein amerikanischer Spion und navigiert mit geheimnisvollen Signalen die alliierten Bombergeschwader, die Tod und Verderben über die Stadt bringen.

Selbst die SED schien allerdings mit der Zeit zu begreifen, dass sich diese allzu dreiste Lüge nicht aufrechterhalten ließ. 1965 bezeichnete Dresdens SED-Oberbürgermeister Walter Weidauer (1899–1986) die Geschichte als „Fama" und „Ammenmärchen", natürlich ohne Seydewitz als Quelle zu nennen. Der Kapitalist Noble sei wegen anderer Verbrechen bestraft worden, behauptete er in seiner fortan mehrfach wieder aufgelegten Broschüre „Inferno Dresden". Als Experten ließ Weidauer den Physiker Manfred von Ardenne zu Wort kommen. Ardenne, der nach dem Krieg in der Sowjetunion arbeiten musste, aber nach seiner Rückkehr ein privates Forschungsinstitut im Dresdner Stadtteil Weißer Hirsch gründen konnte, bewohnte eine nicht weit von „San Remo" gelegene Villa. „Bei dieser Lage bestand im Februar 1945 absolut keine Notwendigkeit, auch noch die primitive und unzuverlässige Methode einer Einsteuerung der Bomberverbände vom Boden anzuwenden", gab der renommierte Wissenschaftler zu Protokoll.

Trotzdem wird die Geschichte immer wieder erzählt. Wenn John Noble, der 1990 nach Dresden zurückgekehrt ist, wieder in „San Remo" lebte und in seinem alten Werk in Niedersedlitz einige Jahre lang hochmoderne Panoramakameras produziert hat, im Garten seiner Villa arbeitete, hörte er immer wieder Touristen, die am Tor standen, mit dem Finger auf den Turm zeigten und schaudernd erzählten: „Von hier aus wurde der Angriff auf Dresden geleitet."[94]

Der Physiker Manfred von Ardenne auf einem Foto von 1931. Er hatte nach dem Krieg einige Jahre in der Sowjetunion gearbeitet, durfte sich aber anschließend in dem Dresdner Villenviertel Weißer Hirsch sein eigenes, rein privates Forschungslabor aufbauen. Ardenne widersprach der San-Remo-Legende, die seit 1965 auch von der SED nicht mehr aufrechterhalten wurde.

Schöner denn je?
Der Wiederaufbau als zweite Zerstörung

Am 5. August 1945 sangen die überlebenden Knaben des Dresdner Kreuzchors in der Ruine der Kreuzkirche die Kantate „Wie liegt die Stadt so wüst" – ein Chorwerk von erschütternder Eindringlichkeit, das ihr Kantor Rudolf Mauersberger (1889–1971) unter dem unmittelbaren Eindruck der Zerstörung komponiert hatte. Zusammen mit Mauersbergers drei Jahre später entstandenem „Dresdner Requiem" wurde diese Kantate immer wieder zur Erinnerung an das Dresdner Inferno in der Kreuzkirche aufgeführt. Deren gewaltigen Innenraum hatte man bei der 1955 abgeschlossenen Wiederherstellung mit einem schlichten Rauputz überzogen, der die Zerstörung des Krieges sichtbar bleiben ließ.

Die Textzeilen aus den Klageliedern Jeremias, die Mauersberger für seine Kantate gewählt hatte, beschrieben tatsächlich das damalige Bild der wüsten Stadt. Die Trümmermenge wurde auf 15 bis 20 Millionen Kubikmeter geschätzt. Allein schon aus Sicherheitsgründen, um Einstürze und das Herabfallen von Gebäudeteilen zu verhindern, war die Enttrümmerung die vordringlichste Aufgabe. Meist waren es Frauen, die diese Arbeit leisten mussten. Oft wurden Bewohner auch für Arbeitseinsätze zwangsrekrutiert. Doch neben der Behebung der unmittelbaren Not ging es schon bald um die Perspektiven des Wiederaufbaus. Was sollte wiederhergestellt, was neu gestaltet werden? Hier gingen die Meinungen der meisten Dresdner und der neuen kommunistischen Machthaber oft weit auseinander. Aber die Entscheidungen traf allein die SED, die sich in der Regel weder von kritischen Städteplanern noch von Denkmalpflegern hineinreden ließ.

Während der „Erste Dresdner Aufbauplan", der schon im Januar 1946 veröffentlicht wurde, vor allem eine Wiederherstellung der Stadt in den Zustand vor ihrer Zerstörung zum Ziel hatte, propagierte die SED bald ganz andere Leitbilder. Bürgermeister Walter Weidauer wandte sich sowohl gegen moderne Konzepte wie auch gegen einen weitgehenden Wiederaufbau. „Die Millionenstadt mit Wolkenkratzern, die in den Hirnen mancher Menschen spukt, wäre soziale Reaktion. Im Gegensatz dazu verlangen einige, die Stadt mit allen ihren Plätzen, Straßen und Gässchen, so wie sie war, zu rekonstruieren. Das ist unmöglich! Nicht alles war schön und gut, was vernichtet wurde. Im Gegenteil, ein großer Teil darf in seinen alten Formen nie wieder erstehen. Was nützt dem Menschen die Tradition, wenn er dadurch in eine Zwangsjacke gesteckt wird, wenn er unbequem wohnt und den Krankheiten Vorschub leistet. Besser wohnen wollen wir, schöner und freier soll unser Leben sich gestalten. Keine Paläste für die Reichen und Hütten für die Armen, sondern Demokratie im Wohnungsbau. Je besser und zweckmäßiger der Mensch wohnt, umso größer seine Leistungsfähigkeit. Nicht eine Residenzstadt mit ihrem starken parasitären Einschlag, sondern eine Stadt der Arbeit, der Kultur, des Wohlstandes für alle muss Dresden werden."[95]

Während sich Stadtplaner wie Herbert Conert, der von Mai 1945 bis zu seinem Tod 1946 die städtische Bauverwaltung leitete, für die „Wahrung der barocken Haltung, des Maßstabes in diesen Straßen- und Platzräumen, der durch die Baudenkmäler gegebenen Grundlinie"[96] einsetzten, wurde bald klar, dass der SED eine völlig andere Stadt vor Augen stand.

Zwar war der Wiederaufbau einiger historischer Bauten – wie etwa des Zwingers – vorgesehen, doch diese sollten nur als Solitäre in einem städtebaulichen Ensemble stehen, dessen Gestaltung einen radikalen Bruch mit dem in Jahrhunderten gewachsenen Stadtbild bedeutet hätte. In der Festschrift zur 750-Jahr-Feier entwarf Oberbürgermeister Walter Weidauer 1956 folgendes Bild: „Das Kernproblem des neuen Bebauungsplanes der Innenstadt ist der zentrale Platz. Das Zentrum des wirtschaftlichen, politischen und kulturellen Lebens der Stadt und deren näherer Umgebung kann nur am Altmarkt liegen. (...) Der Entwicklung Dresdens entsprechend wurde der zentrale Platz über die bisherige Fläche des Altmarktes hinaus erweitert. Im Osten und Westen wird er von siebengeschossigen Wohnbauten begrenzt, in deren unteren Stockwerken besonders gestaltete Läden und Gaststätten eingerichtet sind. Ein neues Hotel wird an der Südseite den Platz hinter der Kreuzkirche einnehmen. Seine im Westen vorgelagerte Terrasse wird sich mit einem Grünplatz mit Blumenrabatten und Wasserspielen – als Fortsetzung des Altmarktes zum Ring – verbinden. Auf der jenseitigen Seite des Rings wird ein neues Operettentheater entstehen. An der Nordfront des zentralen Platzes soll sich das Kulturhaus erheben. Neben einem Festsaal für rund zweitausend Personen wird es einen Konzertsaal für 800 bis 1000 Besucher erhalten, der gleichzeitig für Kammerspiele, Filmaufführungen und ähnliche Veranstaltungen verwendet werden kann. (...) Weiträumige Foyers können wechselnde Ausstellungen aufnehmen, und im Turm ist ein Restaurant mit Café geplant."[97]

Entsprechend der damals herrschenden Baudoktrin kann man sich das geplante Kulturhaus ungefähr so vorstellen wie den in derselben Ära entstandenen Warschauer Kulturpalast. Das Gebäude sollte mit seinem Turm 124 Meter Höhe erreichen und damit Rathaus- und Schlossturm, die beide 100 Meter hoch sind, deutlich überragen. Zu den damaligen Planungen heißt es in einem Stadtführer von 1956:

„Im Norden wird der Platz [Altmarkt] seinen Abschluss durch ein Hochhaus erhalten, das das gesamte Stadtbild beherrscht. Die

SED-Chef Walter Ulbricht (1893–1973) steht 1953 vor dem Dresdner Stadtmodell, das zu diesem Zeitpunkt noch den Wiederaufbau der Frauenkirche vorsah. Ulbricht greift nach deren Modell und hätte am liebsten auch die Ruine sprengen lassen.

In der städtebaulichen Konzeption, die dieses Modell von 1969 darstellt, geht es nicht mehr um den Wiederaufbau der in Jahrhunderten gewachsenen Stadt, sondern um die Idee einer sozialistischen Großstadt.

Dieses vom Georgentor in Richtung Osten aufgenommene Foto zeigt eindrucksvoll, wie der Blick in die Elblandschaft in den 70er-Jahren mit gesichtslosen Plattenbauten verstellt wurde. Im Vordergrund ist die Ruine der Frauenkirche zu sehen.

Vor ihrer Zerstörung war die Prager Straße eine Flaniermeile mit eleganten Geschäften, Cafés und Restaurants. In den späten 70er-, frühen 80er-Jahren wurde sie als Fußgängerzone in der für die DDR typischen maßstabslosen Architektur wieder aufgebaut.

Kirchtürme, der Schlossturm, der Rathausturm – bewusst als Wahrzeichen der jeweils herrschenden Klasse gestaltet – fügten sich einstmals zu der herrlichen Silhouette von Dresden zusammen. In den neuen Plänen erscheinen die vertrauten Türme wieder, mag bis zum restlosen Wiederaufbau der zerstörten auch noch manches Jahr vergehen. Über sie ragt als Wahrzeichen unserer neuen Zeit, der Arbeiter- und Bauern-Macht, das Hochhaus hinaus, das ein Kulturpalast der Werktätigen sein wird."[98]

Auch wenn hier noch vom „restlosen Wiederaufbau" die Rede ist, hatte die SED der historischen Stadt längst den Kampf angesagt. Es wurde die große Zeit der Sprengmeister, die unter dem verlogenen Motto „Dresden wird schöner denn je" schnell vollendete Tatsachen schafften. Man sprengte viele Ruinen, deren Wiederaufbau für die Identität der Stadt wichtig gewesen wäre. Das prominenteste Beispiel ist die gotische Sophienkirche, die 1963 beseitigt wurde. Durch Eingriffe, wie die unverhältnismäßige Vergrößerung des Altmarkts und den Ausbau der Wilsdruffer Straße (als Ernst-Thälmann-Straße) zur Demonstrationsachse, verletzte man den historisch gewachsenen Stadtgrundriss.

Glücklicherweise blieben viele Projekte im Planungsstadium stecken. So wurde das von Weidauer erwähnte Hotel an der Südseite des verlängerten Altmarkts ebenso wenig gebaut wie das Operettentheater am Ring. Und beim Bau des Kulturpalastes, der als völlig verändertes Projekt mit mehrjähriger Verspätung schließlich 1969 eingeweiht werden konnte, verzichtete man zum Glück auf den 124 Meter hohen Turm, der die weltberühmte Dresdner Turmlandschaft optisch zerstört hätte.

Es ist wirtschaftlichen Schwierigkeiten, aber auch der Haltung der Dresdner Bevölkerung und vor allem dem engagierten und zähen Kampf der Denkmalpfleger zu verdanken, dass die SED viele ihrer zerstörerischen Wiederaufbaupläne nicht realisieren konnte. Erst in der Ära Honecker begann man, der Wiederherstellung historischer Bauwerke einen höheren Stellenwert einzuräumen, was die 1985 abgeschlossene Rekonstruktion der Semperoper und die anschließend begonnenen Arbeiten am Residenzschloss belegen. Aber selbst Anfang der 80er-Jahre war die SED noch bereit, unzerstörte Barockbauten zu sprengen: Für den Neubau des Hotels Bellevue sollte ursprünglich die barocke Doppelhofanlage des von Matthäus Daniel Pöppelmann und Andreas Adam erbauten Kollegienhauses geopfert werden. 1982 waren in diesem letzten barocken Baudenkmal auf der Großen Meißner Gasse die Sprengladungen schon gelegt, als die SED in letzter Minute dem Druck der Bevölkerung, der Denkmalpfleger und der Dresdner Museumsdirektoren nachgab, die Sprengung absagte und ein Projekt in Auftrag gab, das die Integration des historischen Bauwerks in den Neubau vorsah.[99]

Symbol der Versöhnung: Die Wiedergeburt der Frauenkirche

Zwei Nächte und einen Tag hatte die gewaltige Sandsteinkuppel der Dresdner Frauenkirche dem Feuersturm getrotzt, doch am 15. Februar 1945 gegen 10.15 Uhr stürzte das riesige Bauwerk in sich zusammen. Das Feuer war durch zerborstene Portale und Fenster in den Kirchenraum vorgedrungen und hatte dessen überwiegend hölzerne Ausstattung erfasst. Dabei entwickelten sich Temperaturen von bis zu 2000 Grad Celsius, eine Hitze, dem das Sandsteinmauerwerk nicht länger standhalten konnte.[100]
Die Zerstörung der Frauenkirche, die der Ratszimmermeister George Bähr von 1726 bis 1743 als 91 Meter hohen Zentralbau errichtet hatte, traf die Dresdner Bevölkerung noch mehr als der Verlust anderer wichtiger Baudenkmäler. Die „steinerne Glocke“ war nicht nur der weltweit bedeutendste Sakralbau des Protestantismus, sondern sie bildete zugleich die Krone der weltberühmten Dresdner Stadtsilhouette.
Deshalb begannen schon unmittelbar nach Kriegsende die Vorbereitungen für den Wiederaufbau der Kirche. Bald wurden Spenden gesammelt, mit denen die hauptsächlich vom sächsischen Landeskirchenamt finanzierte Untersuchung und Beräumung der Trümmermassen unterstützt werden sollten.
Obwohl die Arbeiten immer wieder ins Stocken gerieten, konnten bis 1949 etwa 600 Kubikmeter Steine beräumt, inventarisiert und eingelagert werden. Die SED wusste sehr genau, welche identitätsstiftende Bedeutung die Frauenkirche für Dresden besaß, stellte aber den Wiederaufbau seit 1953 dennoch – oder vielleicht gerade deshalb – in Frage. 1959 ließ Max Seydewitz, der damalige Generaldirektor der Staatlichen Kunstsammlungen, einen Teil der für den Wiederaufbau vorbereiteten Steine in einer Nacht- und Nebelaktion beseitigen. Offiziell hieß es, man brauche das Areal der Lagerplätze, um „ausreichend Parkplätze für die Regierungsfahrzeuge zu gewinnen“, die zur Wiedereröffnung des Grünen Gewölbes nach der Rückkehr der Kunstschätze aus der Sowjetunion erwartet wurden.
Am liebsten hätte die kommunistische Stadtverwaltung die Trümmer einfach beseitigt, schreckte aber dann doch davor zurück. Oberbürgermeister Walter Weidauer regte mehrfach an, die Kirchenruine durch ein Wohnhochhaus zu ersetzen. In seiner Monografie „Frauenkirche Dresden“ schrieb der renommierte Kunsthistoriker Fritz Löffler dazu: „1958/59 bestand Grund zur Sorge, dass die Ruine ganz und gar beseitigt würde. Immer wieder gelang es aber dem Institut für Denkmalpflege, den Trümmerberg als solchen zu erhalten.“
1966 fasste der Rat der Stadt Dresden schließlich den Beschluss, „dass die Ruine der Frauenkirche als Mahnmal zu gestalten“ sei. Damit blieb auch die Option für einen späteren Wiederaufbau gewahrt. Die Dresdner führten ihre Gäste hierher, wenn sie vom 13. Februar 1945 berichteten. Die Busse der Stadtrundfahrt hielten vor Ernst Rietschels Luther-Denkmal, das durch die Wucht des Feuersturms einst vom Sockel gestürzt worden war. Dass die Ruine so beeindruckend wirkte, lag nicht zuletzt an der Weite und Leere des Raums, der sie damals umgab. Für viele Dresden-Besucher, vor allem, wenn sie aus dem Westen kamen, hatte die Begegnung mit der Ruine etwas besonders Ergreifendes: Jahrzehnte nach dem Krieg, dessen Spuren in ihrer Heimat längst getilgt waren, schien hier die schreckliche Vergangenheit noch auf ganz sinnliche und sinnbildhafte Weise gegenwärtig zu sein.
Am Abend des 13. Februar 1982 trafen sich einige Hundert junge Menschen zu einer stillen Friedensdemonstration vor der Ruine, die damit zum Symbol der Friedens- und Bürgerrechtsbewegung der DDR wurde. Zwar versuchte die SED nun, den Trümmerberg ideologisch zu instrumentalisieren, indem sie jeweils am 13. Februar hier Auf-

Blick durch die Rampische Gasse zum Neumarkt – fünf Jahre nach der Zerstörung: Inmitten von Mauerskeletten und Schuttbergen ragt die Chorapsis der Frauenkirche empor.

Zwölf Jahre nach Kriegsende grast eine Schafherde auf dem freigeräumten Gelände rund um die Ruine der Frauenkirche.

märsche veranstaltete, doch diese Versuche wirkten selbst für die daran Beteiligten nur peinlich. Gegen Ende der DDR, als sich die SED um ein verändertes Verhältnis zum „historischen Erbe" bemühte, konnten Städteplaner und Architekten erstmals wieder über den Wiederaufbau diskutieren.

In der Wendezeit 1989/90 geriet die Frauenkirche bald ins Bewusstsein der gesamtdeutschen Öffentlichkeit, nachdem der damalige Bundeskanzler Helmut Kohl am 19. Dezember 1989 an der Ruine vor Hunderttausenden begeisterten Dresdnern über die nun unmittelbar bevorstehende deutsche Einheit sprach.

Knapp zwei Monate später, am 13. Februar 1990, setzte sich eine Bürgerinitiative mit ihrem „Ruf aus Dresden" für den Wiederaufbau ein. Darin heißt es:

„Am 13. Februar 1945 – wenige Wochen vor Ende des bereits entschiedenen Krieges – legten Luftangriffe auch die Dresdner Frauenkirche in Trümmer. Jahrzehntelang war die Ruine Anklage und Mahnmal für alle friedliebenden Menschen. In der schweren Zeit politischer Bedrückung und weltweiter Hochrüstung haben junge Menschen immer wieder brennende Kerzen auf die Ruine gestellt. In gewaltlosem Protest wollten sie Hoffnungszeichen setzen für eine Zeit des Friedens, der Gerechtigkeit und der Bewahrung des Lebens. Doch der weitere Verfall der Ruine ist nicht aufzuhalten. Ihre Sicherung und Erhaltung würde umfangreiche bauliche und finanzielle Anstrengungen erfordern", heißt es in dem Text, in dem die Autoren „zu einer weltweiten Aktion des Wiederaufbaus der Dresdner Frauenkirche zu einem christlichen Weltfriedenszentrum im neuen Europa" aufrufen.

Der Ruf blieb nicht ungehört, dank zahlreicher privater Spenden konnte 1993 mit dem Wiederaufbau begonnen werden. Obwohl es auch staatliche Unterstützung gab, wurde das Projekt von Anfang an vor allem durch das private Engagement getragen, das weit über Dresden und sogar über Deutschland hinausreichte. Nachdem 22 500 Kubikmeter

Diese Aufnahme von 1952 zeigt die Trümmerbahn, die durch die Münzgasse führte und bis dicht an die Ruine der Frauenkirche heranreichte (links).

Im September 1993 wurde ein großes zusammenhängendes Kuppelstück mit dem Mobildrehkran geborgen. Es gehörte zu jenem Bereich, der durch den Baumeister Pinkert in den 1930er-Jahren – also nur wenige Jahre vor der Zerstörung – saniert worden war (rechts).

Schutt beräumt waren, konnte die archäologische Rekonstruktion des einzigartigen Bauwerks beginnen. Da viele originale steinerne Bauteile geborgen worden waren, war es möglich, sie erneut zu verwenden. Durch das Nebeneinander von altem (dunklem) und neuem (hellem) Sandstein an den Fassaden gibt auch das neu erstandene Bauwerk seine einzigartige Geschichte zu erkennen. Jeder Schritt des Wiederaufbaus – vom Fund des Turmkreuzes in den Trümmern über das Wachsen der Mauern, die Fertigstellung des Hauptsimses und der Glockentürme, den Guss der Glocken und die Vollendung der Kuppel – wurde von der deutschen und internationalen Öffentlichkeit mit lebhaftem Interesse verfolgt. Nicht nur in Deutschland, sondern auch in den USA, Großbritannien und Frankreich bildeten sich Freundeskreise, die den Wiederaufbau zu ihrem Anliegen machten.

Die britische Königin, die im Oktober 1992 Dresden besuchte und an einem Versöhnungsgottesdienst in der Kreuzkirche teilnahm, sah die Ruine der Frauenkirche nur aus dem Auto. Sie dürfte gespürt haben, dass die Menschen hier mit Unverständnis auf das Denkmal reagierten, das man im selben Jahr in London Arthur Harris, dem Chef des Bomber Command, gesetzt hat. Aber es waren auch Engländer, die acht Jahre später ein Denkmal ganz anderer Art setzten: Am 13. Februar 2000, am 55. Jahrestag der Zerstörung Dresdens, übergab der Herzog von Kent als Schirmherr des Dresden Trust dem sächsischen Landesbischof Volker Kreß das neue Kuppelkreuz der Frauenkirche. Der Dresden Trust, eine britische Stiftung, die sich als Zeichen der Versöhnung der ehemaligen Kriegsgegner für den Wiederaufbau der Frauenkirche einsetzt, hatte umgerechnet etwa eine halbe Million Mark dafür gesammelt. Der Londoner Kunstschmied Alan Smith, der das 7,60 Meter hohe, mit Blattgold überzogene Kunstwerk als Rekonstruktion des aus den Trümmern geborgenen Originals schuf, hat eine sehr persönliche Beziehung zu Dresden. Sein Vater war als Bomberpilot an dem Angriff auf die sächsische Landeshauptstadt beteiligt.[101]

Bevor das Kuppelkreuz in Dresden übergeben wurde, war es in mehreren britischen Städten zu sehen, unter anderem auch in dem von deutschen Bombern zerstörten Coventry, seit langem Dresdens Partnerstadt. Seit dem Sommer 2004 krönt das Kreuz wieder die Kuppel der Dresdner Frauenkirche, deren Wiederaufbau viel zur Versöhnung beigetragen hat, nicht nur zwischen den einstigen Kriegsgegnern. Längst wirkt diese Kirche nicht mehr nur für Dresden und seine Einwohner identitätsstiftend, sondern auch für die Menschen im wiedervereinigten Deutschland. Wenn es ein positives Symbol für den sonst oft problematischen, widersprüchlichen und umstrittenen Aufbau Ost gibt, dann ist es George Bährs großartiger Kuppelbau, der fast 60 Jahre nach der Zerstörung Dresdens beweist, dass es möglich ist, eine geschichtliche Wunde zu heilen, ohne dabei die Geschichte und ihre Ursachen zu revidieren, zu relativieren oder zu vergessen.

Bereits im Sommer 2004 war das Äußere der Frauenkirche wiederhergestellt. Seit dieser Zeit bildet die steinerne Kuppel wieder die Krone des berühmten Dresdner Stadtbildes. Die feierliche Einweihung des weltweit bedeutendsten evangelischen Kirchenbaus fand am 30. Oktober 2005 mit einem Festgottesdienst statt, der per Fernsehen in viele Länder übertragen wurde.
Der Wiederaufbau als archäologische Rekonstruktion hat insgesamt 179,7 Millionen Euro gekostet, der größte Teil davon wurde durch private Spenden aufgebracht.

Die Überlebensgeschichte des jüdischen Romanisten und Philologen Victor Klemperer (1881–1960) und seiner Frau Eva wurde rekonstruiert nach Klemperers Tagebüchern, die 1995 unter dem Titel „Ich will Zeugnis ablegen bis zum letzten" im Berliner Aufbau-Verlag erschienen sind (Tagebücher 1942–1945, Band 2, S. 661–672).

Grundlage für die Schilderung der Dresden-Erlebnisse des amerikanischen Autors Kurt Vonnegut jr. (geb. 1922) sind Interview-Äußerungen, vor allem aber sein 1969 in New York erschienener Roman „Slaughterhouse-Five or The Children's Crusade" (zitiert nach der 1976 im Verlag Volk & Welt, Berlin, erschienenen Ausgabe „Schlachthof 5 oder Der Kinderkreuzzug").

Die Erlebnisse von Gerhard Gretzschel (1909–1984), der seine Eltern und Schwiegereltern rettete, wurden auf der Grundlage seiner handschriftlich verfassten Lebenserinnerungen nacherzählt. Auszüge daraus sind in Walter Kempowskis 1999 im Münchner Albrecht Knaus Verlag erschienenen „Echolot" abgedruckt (Fuga furiosa, Bd. IV, S. 798ff., 800).

1 Vgl. Hinrichs, S. 65ff.
2 Ebd., S. 66
3 Vgl. Michael Schmidt-Klingenberg, S. 50f.
4 Ebd., S. 51
5 Ebd., S. 52
6 Ebd., S. 52f.
7 Ebd., S. 55
8 Vgl. Irving, S. 18f.
9 Schmidt-Klingenberg, S. 56
10 Ebd.
11 Quelle: Als Feuer vom Himmel fiel, Grafik auf S. 52
12 Vgl. Kucklick, S. 12ff.
13 Vgl. Friedrich, S. 65
14 Zit. nach Friedrich, S. 64
15 Kucklick, S. 13
16 Zit. nach Friedrich, S. 68
17 Friedrich, S. 68
18 Zit. nach Friedrich S. 74
19 Friedrich, S. 65
20 Zit. nach Friedrich, S. 70
21 Zit. nach Kucklick, S. 23
22 Zitate nach Friedrich, S. 85
23 Friedrich, S. 85
24 Vgl. ebd., S. 98
25 Zit. nach Kucklick, S. 32
26 Zit. nach Friedrich, S. 99
27 Zit. nach ebd., S. 99f.
28 Vgl. Friedrich, S. 100
29 Zit. nach Kucklick, S. 32
30 Kucklick, S. 30
31 Friedrich, S. 130
32 Ebd., S. 33
33 Ebd., S. 113
34 Original der Ausgabe ist im Besitz des Autors.
35 Peter: Dresdener Notturno, S. 5
36 Zit. nach Pommerin, S. 33f.
37 Information aus „Kleine Genealogie der Familie Hitler" www.8ung.at/xeno/Historisches/Hitlers_Geschwister/body_hitlers-geschwister
38 Informationen aus „Kokoschka und Dresden" (Ausstellungskatalog) 1996, Heinz Spielmann: Oskar Kokoschka. Köln 2003, Hans Posse, erster Leiter des Sonderauftrags Linz, http://residence.at/rax/KUN_POL/UND/BIOS/posse.html
39 Pommerin, S. 39ff.
40 Vgl. Fritz Busch: Aus dem Leben eines Musikers. Zürich 1949, S. 54ff. (zit. nach Gretzschel/Werner, S. 61)
41 Vgl. Gretzschel: Dresden im Dritten Reich, S. 95ff.
42 Zit. nach Gretzschel/Werner, S. 225f.
43 Zit. nach Gretzschel, Dresden im Dritten Reich, S. 96
44 Zit. nach Pommerin, S. 59
45 Vgl. Dresden-Lexkkon, S. 208, Artikel „Juden in Dresden"
46 Abbildung in Hans Joachim Neidhardt: Dresden wie es Maler sahen. Leipzig 1997, S. 176
47 Zahlen vgl. Bergander, S. 10
48 Ebd., S. 11
49 Ebd., S. 87
50 Matthias Gretzschel: Artikelserie in „Die Union"/Dresden über die vier Dresdner Ausländerkirchen, 2., 9. und 16.8.1986, jeweils S. 8
51 Stammbaum von Winston Churchill (1874–1965) abgedruckt in The Times v. 29. April 1995
52 Bergander, S. 95f.
53 Vgl. Fritz Löffler: Das Alte Dresden, Leipzig 1982, S. 352ff.
54 Vgl. Bergander, S. 31
55 Bergander, S. 32
56 Werner Ehlich: Vorbote des Infernos – Im Oktober 1944 erfolgten die ersten Luftangriffe auf Dresden, in: „Die Union"/Dresden, leider ohne Datum
57 Irving, S. 88ff.
58 Ebd., S. 93
59 Ebd., S. 92f.
60 Ebd., S. 94f.
61 Bergander, S. 213
62 Vgl. Brenner, S. 89
63 Vonnegut, S. 166
64 Ebd., S. 157
65 Ebd., S. 157
66 Brenner, S. 86
67 Entfernungsangabe vgl. Bergander, S. 121
68 Bergander, S. 116
69 Ebd., S. 116ff.
70 Information über Masterbomber und Freiburg aus Friedrich, S. 58
71 Bergander, S. 120
72 Laut Bergander, S. 125: 21.39 Uhr Fliegeralarm für Dresden
73 Bergander, S. 126
74 Chronologie siehe ebd., S. 125ff.
75 Vgl. Werner Ehlich: Die Tragödie auf dem Hauptbahnhof, in: „Die Union", Februar 1985
76 Vonnegut, S. 184f.
77 Ebd., S. 188f.
78 Bei Klemperer heißt es tatsächlich Luftkeller und nicht Luftschutzkeller.
79 Bergander, S. 139
80 Werner, S. 35
81 Bergander, S. 151
82 Ebd., S. 209
83 Quelle: Dresdner Neue Nachrichten 1995, Journal zum 50. Jahrestag der Zerstörung Dresden, S. 4. Die Daten im Anhang (S. 148/149) weichen davon leicht ab; sie beruhen auf den – korrekten – Quellen der Alliierten.
84 Quelle: Werner, S. 75
85 Zit. nach Neutzner, S. 101
86 Zitiert nach Werner, S. 54
87 „Tempo", Novemberheft 1992, S. 107
88 Vgl. Informationen bei Neutzner
89 Zitiert nach Werner, S. 32
90 Stadtlexikon Dresden, S. 263
91 Gretzschel: Dresden – der sinnlose Tod, S. 3
92 In Paeschke/Zimmer, S. 153f.
93 Ebd., S. 147f.
94 Quellen: Gretzschel: Dresden – der sinnlose Tod, S. 3; Dresdner Neue Nachrichten vom 11./12. Februar 1995, S. 6; vgl. auch Noble, Verbannt und verleugnet
95 Zit. nach Lerm, S. 31f.
96 Ebd., S. 34
97 Festschrift Dresden, S. 45
98 Wotte/Wild, S. 86f.
99 Vgl. Stadtlexikon Dresden
100 Vgl. Gretzschel, Die Dresdner Frauenkirche, S. 118
101 Siehe 13. Februar – Kreuz vom Herzog, in: Der Spiegel v. 15.12.2000

Als Feuer vom Himmel fiel. Der Bombenkrieg in Deutschland. Hrsg. von Stephan Burgdorf u. Christian Habbe. Hamburg: Spiegel-Buchverlag und München: Deutsche Verlags-Anstalt, 2003 (2. Aufl.)

Bergander, Götz: Dresden im Luftkrieg. Vorgeschichte, Zerstörung, Folgen. Köln (u. a.): Böhlau, 1994 (2., überarb. u. erw. Aufl.)

Bergschicker, Heinz: Deutsche Chronik 1933–1945. Berlin (Ost): Verlag der Nation, 1981

Brenner, Henny: „Das Lied ist aus“: Ein jüdisches Schicksal in Dresden. Zürich, München: Pendo, 2001

Ein Volk von Opfern? Die neue Debatte um den Bombenkrieg 1940–45. Hrsg. v. Lothar Kettenacker. Berlin: Rowohlt Berlin, 2003

Festschrift Dresden zur 750-Jahr-Feier 1206–1956. Hrsg. vom Rat der Stadt Dresden. Dresden: Verlag der Kunst, 1956

Friedrich, Jörg: Der Brand. Deutschland im Bombenkrieg 1940–1945. München: Propyläen, 2002

Friedrich, Jörg: Brandstätten. Der Anblick des Bombenkriegs. Berlin: Propyläen, 2003

Gretzschel, Matthias u. Winfried Werner (Hrsg.): Reise Textbuch Dresden. Ein literarischer Begleiter auf den Wegen durch die Stadt. München: dtv, 1990

Gretzschel, Matthias: Die Dresdner Frauenkirche. Hamburg: Ellert & Richter, 1994

Gretzschel, Matthias: Dresden im Dritten Reich, in: Hamburg und Dresden im Dritten Reich, S. 95–98

Gretzschel, Matthias: Dresden – der sinnlose Tod einer Stadt. Hamburger Abendblatt vom 13.2.1995

Groehler, Olaf: Geschichte des Luftkriegs 1910–1970. Berlin (Ost): Militärverlag, 1975

Hamburg und Dresden im Dritten Reich: Bombenkrieg und Kriegsende. Hamburg: Landeszentrale für politische Bildung, 2000

Hinrichs, Per: Test für den Terror, in: Als Feuer vom Himmel fiel, S. 65–69

Irving, David J.: Der Untergang Dresdens. Augsburg: Weltbild Verlag, 1989

Kriegsschicksale deutscher Architektur: Verluste, Schäden, Wiederaufbau. Eine Dokumentation für das Gebiet der Bundesrepublik Deutschland (2 Bde). Hrsg. v. Hartwig Beseler. Neumünster: Wachholtz, 1988

Kucklick, Christoph: Feuersturm. Der Bombenkrieg gegen Deutschland. Hamburg: Ellert & Richter, 2003

Lerm, Matthias: Abschied vom alten Dresden. Verluste historischer Bausubstanz nach 1945. Leipzig: Forum, 1993

Löffler, Fritz: Das alte Dresden. Geschichte seiner Bauten. Leipzig: Seemann, 1982 (6., neubearb. u. erw. Aufl.)

Neutzner, Matthias: „Wozu leben wir nun noch? Um zu warten, bis die Russen kommen?“ Die Dresdner Bevölkerung vom 13./14. Februar bis zum 17. April 1945, in: Hamburg und Dresden im Dritten Reich, S. 99–108

Noble, John: Verbannt und verleugnet. Dresden: Verlagshaus Förster, 2004

Neutzner, Matthias: Martha Heinrich Acht – Dresden 1944/45. Dresden: Verlag der Kunst, 1996

Paeschke, Carl-Ludwig u. Dieter Zimmer: Dresden – Geschichten einer Stadt. Berlin: Brandenburgisches Verlagshaus, 1994

Peter, Richard: Dresden – Eine Kamera klagt an. Leipzig: Fotokinoverlag, 1980 (Originalausgabe 1949)

Peter, Richard: Dresdener Notturno. Dresden: Sachsenverlag, 1961

Pommerin, Reiner (Hrsg.): Dresden unterm Hakenkreuz. Köln (u. a.): Böhlau, 1998 (=Dresdner Historische Studien, 3)

Reinhard, Oliver; Neutzner, Matthias; Hesse, Wolfgang: Das rote Leuchten. Dresden und der Bombenkrieg. Dresden: Edition Sächsische Zeitung, 2005

Schicksale deutscher Baudenkmale in Zweiten Weltkrieg. Eine Dokumentation der Schäden und Totalverluste auf dem Gebiet der neuen Bundesländer (2 Bde). Hrsg. v. Götz Eckardt. Wiesbaden: Panorama Verlag, 2001

Schnatz, Helmut: Tiefflieger über Dresden? Legenden und Wirklichkeit. Mit einem Vorwort von Götz Bergander. Köln (u. a.): Böhlau, 2000

Schmidt-Klingenberg, Michael: „Wir werden sie ausradieren“, in: Als Feuer vom Himmel fiel, S. 47–60

Seydewitz, Max: Die unbesiegbare Stadt. Zerstörung und Wiederaufbau von Dresden. Berlin (Ost): Kongress-Verlag, 1955 fiel, S. 47–60

Stadtlexikon Dresden. Verlag der Kunst Dresden, 1994

Taylor, Frederick: Dresden, Dienstag, 13. Februar 1945. Militärische Logik oder blanker Terror? München: Bertelsmann, 2004

Verbrannt bis zur Unkenntlichkeit. Die Zerstörung Dresdens 1945. Begleitbuch zur Ausstellung im Stadtmuseum Dresden, hrsg. von der Landeshauptstadt Dresden. Altenburg: DZA Verlag für Kultur und Wissenschaft, 1994

Weidauer, Walter: Inferno Dresden. Berlin (Ost): Dietz Verlag, 1965

Werner, Winfried: „... oder Dresden“. Fotos, Dokumente und Texte einer Ausstellung 40 Jahre nach der Zerstörung der Stadt. Dresden: Frank Fischer, 1991 (2. Aufl.)

Wotte, Herbert u. Karl-Heinz Wild: Dresden. Leipzig: Bibliographisches Institut, 1956 (Heimat- und Wanderbuch Nr. 5)

Unmittelbar nach der Machtübernahme der Nazis wurde am 29. April 1933 der Reichsluftschutzbund gegründet, der unter anderem für die Ausbildung von Luftschutzwarten zuständig war und die Bevölkerung mithilfe vielfältiger Propagandamittel – wie etwa diesem Plakat – „aufklären" und zur Beteiligung an Luftschutzübungen animieren sollte. Der alliierte Luftkrieg zeigte jedoch spätestens seit 1942 den begrenzten Wert der getroffenen Maßnahmen. Viele Luftschutzhelfer wurden selbst Opfer der Angriffe, unzählige Luftschutzkeller zu tödlichen Fallen für die dort Schutz Suchenden.

Daten zum Bombenkrieg

Chronologie des Bombenkriegs

Anzahl der Bombenopfer in deutschen Städten während des Zweiten Weltkriegs

Vergleich der Bombenabwurfmengen über Deutschland und Großbritannien 1940 bis 1945

Zerstörungsgrad deutscher Kleinstädte 1945 (Größe 1939: 5000 bis 20 000 Einwohner)

Zerstörungsgrad deutscher Groß- und Mittelstädte 1945

Bombenangriffe auf Deutschland zwischen 1940 und 1945

Die acht Luftangriffe auf Dresden

Chronologie des Bombenkriegs

26. April 1937
Angriff der Legion Condor auf die spanische Stadt Guernica, mehrere hundert Tote

1. September 1939
Luftwaffe greift bei einem Terrorangriff die polnische Kleinstadt Wielún an, mehrere hundert Tote, Beginn des Zweiten Weltkriegs

24. bis 26. September 1939
Luftwaffe und Artillerie zerstören Warschau weitgehend, 20 000 Tote

10. Mai 1940
Churchill wird britischer Premierminister; einen Tag später verkündet sein Kriegskabinett, auf deutsche Zivilisten werde bei Luftangriffen fortan keine Rücksicht mehr genommen.

11./12. Mai 1940
Erster Angriff der Royal Air Force (R.A.F.) auf eine deutsche Stadt: Mönchengladbach, 4 Tote

14. Mai 1940
Luftwaffe zerstört in weiten Teilen Rotterdam, rund 900 Tote

Mai/Juni/Juli 1940
„Phoney war“ zwischen England und Deutschland, Luftangriffe auf beiden Seiten, vor allem gegen militärisch-industrielle Ziele

13. August 1940
„Eagle Day“, Auftakt der „Luftschlacht um England“: Luftwaffe beginnt massive Angriffe vorwiegend gegen britische Stützpunkte mit dem Ziel, die Luftüberlegenheit zu gewinnen, um eine mögliche Invasion der Insel (Unternehmen „Seelöwe“) vorzubereiten. In den folgenden Wochen schwere Verluste auf beiden Seiten

24./25. August 1940
Erster – versehentlicher – Angriff der Luftwaffe gegen London, geringe Schäden

25./26. August bis 4. September 1940
Fünf britische Angriffe auf Berlin

4. September 1940
Hitler verkündet in einer Rede, er werde nunmehr die britischen Städte „ausradieren“ lassen.

7. September 1940
Beginn des „Blitz“, der Luftoffensive gegen englische Städte und Industrie, mit einem Großangriff gegen London. Ziel: England zum Friedensschluss zu zwingen

17. September 1940
Hitler entscheidet sich gegen die Invasion Englands

14. November 1940
Angriff auf Coventry, über 550 Tote

6. April 1941
Deutscher Terrorangriff auf Belgrad. Hitler hat Vernichtung der Stadt befohlen, rund 2200 Tote.

16. Mai 1941
Ende der deutschen Luftoffensive gegen England wegen des bevorstehenden Russlandfeldzuges; während der neunmonatigen Luftangriffe sterben rund 40 000 Briten, rund 60 000 werden verletzt, allein in London verlieren 250 000 Bürger ihre Wohnung.

22. Juni 1941
Die Operation „Barbarossa“ beginnt, der deutsche Überfall auf die Sowjetunion. In den ersten Stunden zerstört die Luftwaffe rund 2300 sowjetische Flugzeuge, die meisten am Boden, und vernichtet so die nummerisch stärkste Luftmacht der Welt. Im weiteren Verlauf des Russland-Feldzuges konzentriert sich die Luftwaffe weitgehend auf die Truppenunterstützung.

9. Juli 1941
Churchill befiehlt das „moral bombing“ des Deutschen Reichs mit dem Ziel, „die Moral der deutschen Zivilbevölkerung insgesamt zu zerstören und die der Industriearbeiter im Besonderen“.

14. Februar 1942
„Area Bombing Directive“ der R.A.F.: Das „moralische“ Flächenbomben wird zur offiziellen Doktrin des britischen Bomber Command. Im Anhang der Direktive heißt es: „Es ist klar, dass die Zielpunkte Siedlungsgebiete sein sollen und beispielsweise nicht Werften oder Luftfahrtindustrien. Das muss ganz deutlich gemacht werden.“

23. Februar 1942
Arthur Harris wird Oberbefehlshaber des britischen Bomber Command.

28./29. März 1942
Erster Test, eine Stadt abzubrennen: Vernichtung der Lübecker Altstadt, 320 Tote, 39 000 Ausgebombte

23. bis 27. April 1942
Vernichtung der Rostocker Altstadt bei vier Angriffen, 40 000 Obdachlose

17. August 1942
Erster Einsatz US-amerikanischer Bomber in Europa gegen den großen Verschiebebahnhof von Rouen-Sotteville in Nordfrankreich

23. August 1942
Massive Angriffe der Luftwaffe auf Stalingrad, nach sowjetischen Angaben 40 000 Tote

31. Dezember 1942
Im Jahresverlauf 15 Angriffe auf Hamburg mit 499 Toten, ca. 1 700 Verletzten und ca. 15 000 Ausgebombten

21. Januar 1943
Im marokkanischen Casablanca vereinbaren Winston Churchill und US-Präsident Franklin D. Roosevelt die „Combined Bombing Offensive“, also die Koordination ihrer jeweiligen Luftstreitkräfte mit dem Ziel, „das militärische, industrielle und wirtschaftliche System Deutschlands zunehmend zu zerstören und zu zerschlagen und die Moral des deutschen Volkes zu untergraben“.

18. Februar 1943
Reichspropagandaminister Joseph Goebbels verkündet im Berliner Sportpalast den „totalen Krieg“.

Juni 1943
Die Pointblank-Direktive wird erlassen und markiert den Beginn der koordinierten Luftangriffe von R.A.F. und USAAF (United States Army Air Force), etwa auf Berlin, Hamburg, das Ruhrgebiet.

24./25. Juli bis 3. August 1943
„Operation Gomorrha“: R.A.F. und USAAF fliegen vier schwere Nacht- und drei Tagesangriffe auf Hamburg. In der Nacht des 27./28. Juli kommt es zum Feuersturm. Insgesamt sterben mindestens 34 000 Menschen, 125 000 werden verletzt und 900 000 ausgebombt.

November 1943
Die deutsche Flugabwehr fügt den alliierten Luftstreitkräften die größten Verluste des Krieges bei.

November 1943 bis Februar 1944
Die Luftwaffe verliert einen Großteil ihrer Abfangjäger, weil die USAAF Langstrecken-Begleitjäger bis tief ins Reichsgebiet einsetzt. Vom 20. bis 25. Februar 1944 so genannte „Big Week", bei der mit fast 10 000 alliierten Flugzeugeinsätzen die deutsche Luftindustrie – in Augsburg, Schweinfurt, Regensburg, Stuttgart – weitgehend ausgeschaltet wird. Danach verfügen die Westmächte praktisch über die uneingeschränkte Luftüberlegenheit.

21. Januar bis 29. Mai 1944
Knapp drei Dutzend Angriffe auf englische Städte, es entstehen geringe Schäden. Die Engländer verspotten die Attacken als „Baby Blitz", die Bomberflotte der Luftwaffe ist weitgehend aufgerieben.

April bis November 1944
Zur Vorbereitung und Unterstützung der Invasion (Unternehmen „Overlord") alliierte Luftangriffe auf Städte in Frankreich und Belgien, mehr als 15 000 Tote

17. Juni 1944
Abschuss der ersten V1 gegen England, später kommen V2 hinzu, die vor allem gegen Antwerpen eingesetzt werden. Insgesamt detonieren 10 000 Raketen, die ca. 30 000 Menschen töten.

13./14. Februar 1945
Feuersturm in Dresden, ca. 35 000 Tote, 350 000 Ausgebombte

23./24. Februar 1945
Feuersturm in Pforzheim, bis zu 20 000 Tote; jeder dritte Bewohner stirbt, das ist, gemessen an der Bevölkerung, mehr als beim Atombombenabwurf in Nagasaki, bei dem jeder siebte Bürger stirbt.

12. März 1945
Mit mehr als 1000 Flugzeugen zerstört die USAAF den Ostseehafen Swinemünde, der, wie den Angreifern bekannt, mit Flüchtlingen aus dem Osten überfüllt ist. Die offizielle Opferzahl – 23 000 – liegt sicherlich zu hoch, dennoch ist der Angriff einer der schwersten des Krieges.

8. Mai 1945
Kapitulation Deutschlands. Ende des Zweiten Weltkriegs in Europa

6. August 1945
Erster Abwurf einer Atombombe auf Hiroshima durch die Amerikaner. Über 200000 Tote und 100 000 Verwundete

9. August 1945
Zweiter Abwurf einer Atombombe auf Nagasaki. 74 000 Tote

14. August 1945
Ende des Zweiten Weltkriegs. Kapitulation Japans

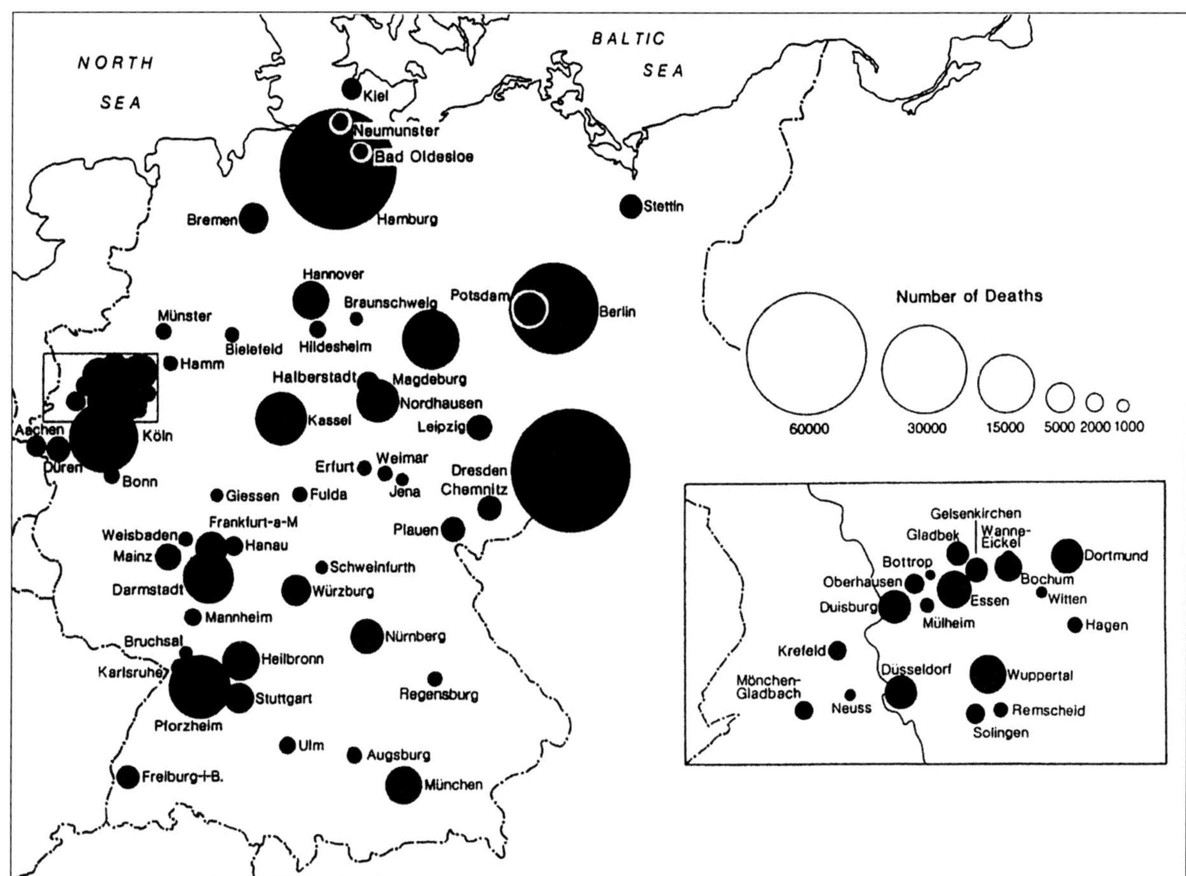

Anzahl der Bombenopfer in deutschen Städten während des Zweiten Weltkriegs. Für Dresden geht man heute von etwa 35 000 Toten aus, für Hamburg von insgesamt 41 000.

aus: Kenneth Hewitt, Reign of Fire (in: Josef Nipper/ Manfred Nutz [Hg.], Kriegszerstörung und Wiederaufbau deutscher Städte, Köln 1993, S. 47–59)

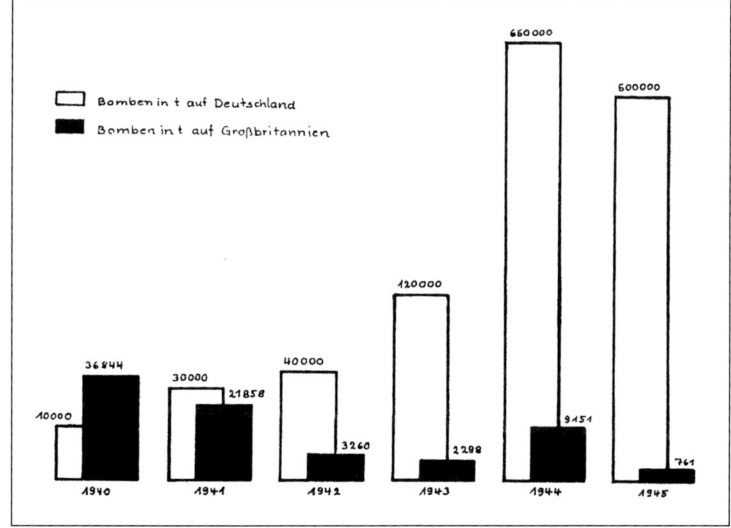

Vergleich der Bombenabwurfmengen über Deutschland und Großbritannien 1940 bis 1945

aus: Uta Hohn, Die Zerstörung deutscher Städte im Zweiten Weltkrieg (Dortmund 1991)

Zerstörungsgrad deutscher Kleinstädte 1945 (Größe 1939: 5000 bis 20 000 Einwohner)

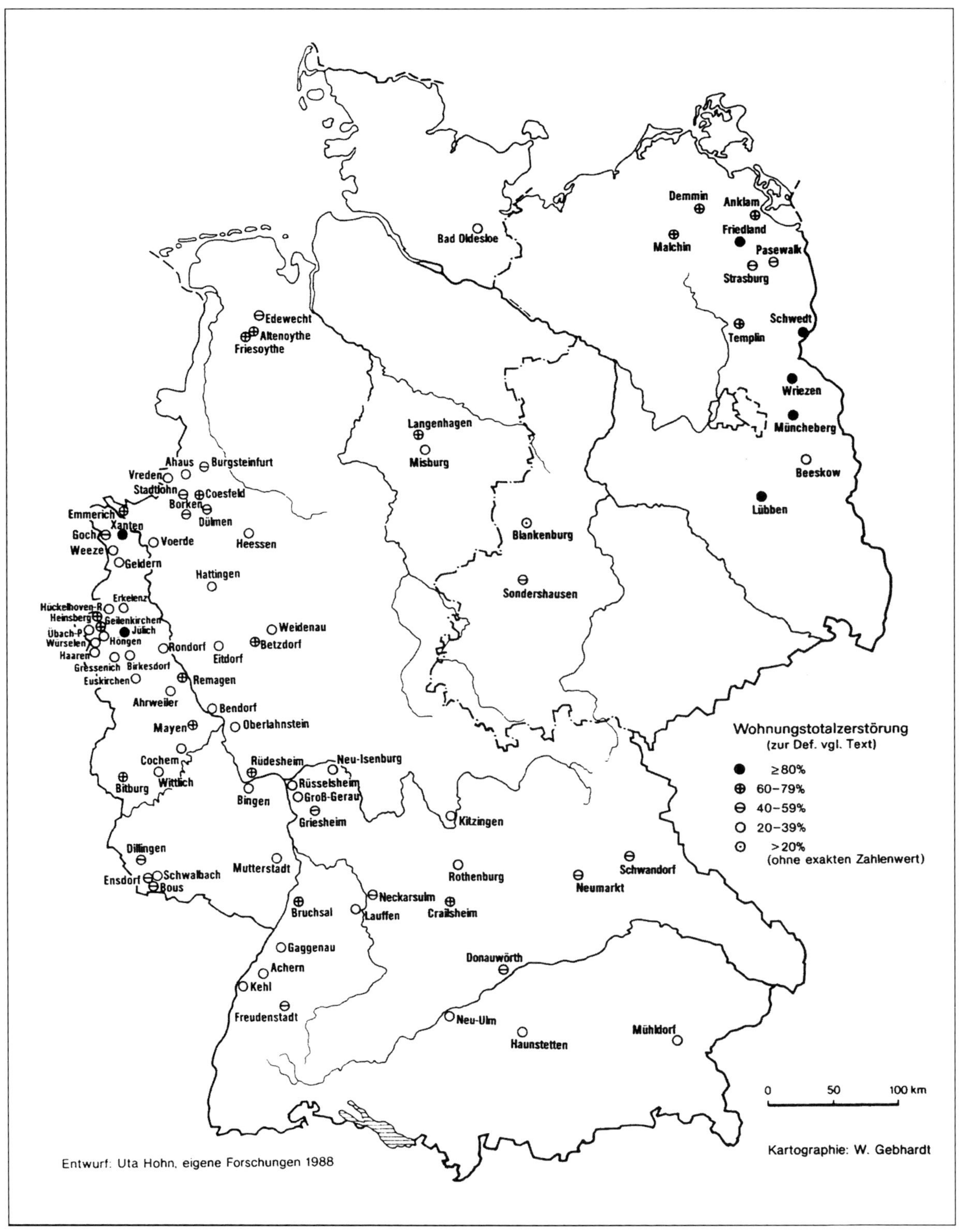

aus: Uta Hohn, Die Zerstörung deutscher Städte 1940–1945 (in: Josef Nipper/Manfred Nutz [Hg.], Kriegszerstörung und Wiederaufbau deutscher Städte, Köln 1993, S. 3–23)

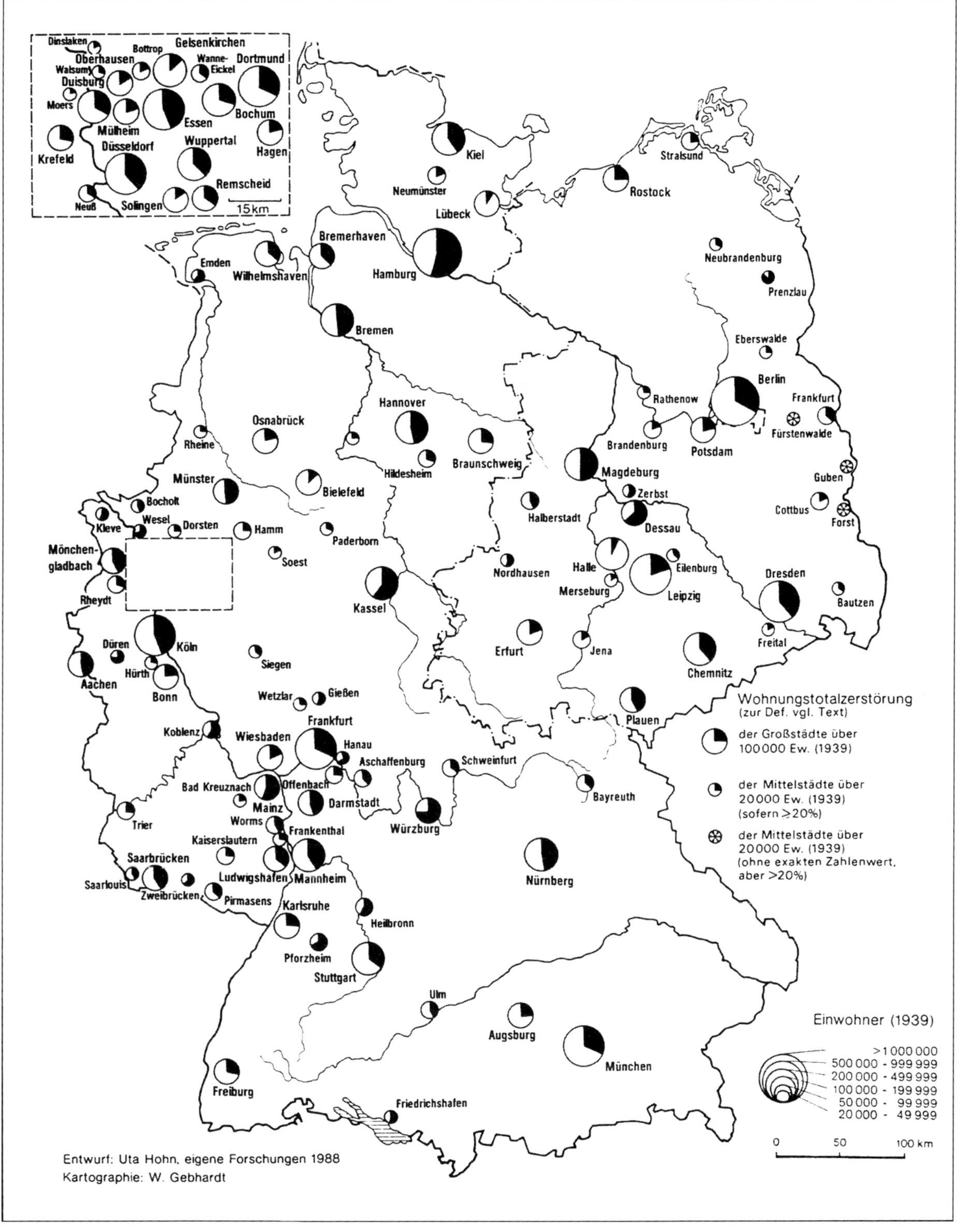

Zerstörungsgrad deutscher Groß- und Mittelstädte 1945

aus: Uta Hohn, Die Zerstörung deutscher Städte 1940–1945 (in: Josef Nipper/Manfred Nutz [Hg.], Kriegszerstörung und Wiederaufbau deutscher Städte, Köln 1993, S. 3–23)

Bombenangriffe auf Deutschland zwischen 1940 und 1945

Die Auflistung verzeichnet Bombenangriffe auf deutsche Städte und Regionen zwischen 1940 und 1945 (* = US Air Force, übrige = Royal Air Force). Es wird kein Anspruch auf Vollständigkeit erhoben, Angriffe auf Infrastruktur und militärische Ziele sind nur teilweise erfasst. Zahlen zu zivilen Opfern und Ausgebombten sind bei einigen schwereren Bombenangriffen angegeben, oft sind sie nicht mehr als Näherungswerte. Bei der Mehrzahl der Angriffe bewegen sich die Opferzahlen – wenn bekannt – zwischen 20 und 200 Toten.

Quellen: Roger A. Freeman, The Mighty Eighth War Diary, London 1981; Martin Middlebrook/Chris Everitt, The Bomber Command War Diaries 1939–1945, Harmondsworth (u. a.) 1985; Kenneth Hewitt: Reign of Fire. The civilian experience and urban consequences of the destruction of German cities, 1942–1945, in: Nipper, Josef; Nutz, Manfred (Hg.): Kriegszerstörung und Wiederaufbau deutscher Städte. Geographische Studien zu Schadensausmaß und Bevölkerungsschutz im Zweiten Weltkrieg, zu Wiederaufbauideen und Aufbaurealität. Köln 1993, S. 47–59 (Kölner Geographische Arbeiten, 57).

1940	
11./12. Mai	Mönchengladbach
15./16. Mai	Ruhrgebiet (erste strategische Bombardierung der deutschen Industrie)
17./18. Mai	Hamburg, Bremen, Köln
21./22. Mai	zwischen Mönchengladbach und Euskirchen, Münster
22./23. Mai	Merseburg
5./6. Juni	Hamburg
6./7. Juni	Hamburg
14./15. Juni	Ruhrgebiet, Süddeutschland, Konstanz
17./18. Juni	Köln, Ruhrgebiet, Norddeutschland
18./19. Juni	Ruhrgebiet, Mannheim, Bremen, Hamburg
19./20. Juni	zwischen Hamburg und Mannheim
20./21. Juni	Rheinland
21./22. Juni	Ruhrgebiet, Nord-/Mitteldeutschland
23. Juni	Osnabrück, Soest, Hamm
23./24. Juni	Bremen, Ruhrgebiet, Rheinland
30. Juni/1. Juli	Darmstadt, Hamburg, Hamm, Hanau
1./2. Juli	Osnabrück, Kiel
3. Juli	Hamburg
5./6. Juli	Kiel
15./16. Juli	Hamborn, Hannover, Osnabrück, Paderborn
17./18. Juli	Gelsenkirchen
26./27. Juli	Hamm, Ludwigshafen
27./28. Juli	Hamburg, Bremen, Wilhelmshaven, Borkum
29./30. Juli	Homberg, Köln, Hamm
5./6. August	Hamburg, Kiel, Wilhelmshaven, Wismar
6./7. August	Homberg, Reisholz
7./8. August	Emmerich, Hamm, Soest, Kiel
9./10. August	Köln, Ludwigshafen
10./11. August	Hamburg
11./12. August	Ruhrgebiet
16./17. August	Ruhrgebiet, Frankfurt, Augsburg, Jena, Leuna
17./18. August	Braunschweig
18./19. August	Rheinfelden, Freiburg
24./25. August	Stuttgart
25./26. August	Berlin, Bremen, Köln, Hamm
26./27. August	Hannover, Leipzig, Leuna, Nordhausen
28./29. August	Berlin
29./30. August	Bottrop, Essen, Mannheim, Soest
31. August	Berlin, Köln
3./4. September	Berlin, Magdeburg, Ruhrgebiet
4./5. September	Stettin, Magdeburg, Berlin
8./9. September	Hamburg, Bremen, Emden
10./11. September	Berlin, Bremen
23./24. September	Berlin
26./27. September	Dortmund, Kiel
5./6. Oktober	Köln, Gelsenkirchen, Hamm, Osnabrück, Soest
7./8. Oktober	Berlin
13./14. Oktober	Ruhrgebiet, Wilhelmshaven, Kiel
14./15. Oktober	Berlin, Stettin, Magdeburg, Bohlen
16./17. Oktober	Bremen, Kiel, Merseburg
18./19. Oktober	Hamburg, Lünen
19./20. Oktober	Osnabrück
20./21. Oktober	Berlin
21./22. Oktober	Köln, Hamburg, Stuttgart, Reisholz
28./29. Oktober	Hamburg
30./31. Oktober	Duisburg, Emden
1./2. November	Berlin, Gelsenkirchen, Magdeburg
6./7. November	Berlin
7./8. November	Essen, Köln
12./13. November	Gelsenkirchen
14./15. November	Berlin, Hamburg
15./16. November	Hamburg
16./17. November	Hamburg, Kiel
17./18. November	Gelsenkirchen, Hamm
18./19. November	Merseburg
20./21. November	Duisburg
22./23. November	Dortmund, Duisburg, Wanne-Eickel
24./25. November	Hamburg
25./26. November	Wilhelmshaven
27./28. November	Köln
28./29. November	Düsseldorf
29./30. November	Bremen, Köln
3./4. Dezember	Duisburg, Essen, Mannheim
4./5. Dezember	Düsseldorf
5./6. Dezember	Gelsenkirchen
7./8. Dezember	Düsseldorf
8./9. Dezember	Düsseldorf
9./10. Dezember	Bremen
11./12. Dezember	Mannheim
13./14. Dezember	Bremen, Kiel
15./16. Dezember	Berlin, Frankfurt, Kiel
16./17. Dezember	Mannheim (erstes „Area-Bombing“ der R.A.F.)
17./18. Dezember	Mannheim
18./19. Dezember	Mannheim
19./20. Dezember	Köln, Duisburg, Gelsenkirchen
20./21. Dezember	Berlin, Gelsenkirchen
23./24. Dezember	Mannheim, Ludwigshafen
29./30. Dezember	Frankfurt/M., Hamm

1941	
1./2. Januar	Bremen
2./3. Januar	Bremen, Emden
3./4. Januar	Bremen
8./9. Januar	Wilhelmshaven, Emden
9./10. Januar	Gelsenkirchen
11./12. Januar	Wilhelmshaven
13./14. Januar	Wilhelmshaven
15./16. Januar	Wilhelmshaven
16./17. Januar	Wilhelmshaven
22./23. Januar	Düsseldorf
26./27. Januar	Hannover
29./30. Januar	Wilhelmshaven
4./5. Februar	Düsseldorf
10./11. Februar	Hannover
11./12. Februar	Bremen
14./15. Februar	Gelsenkirchen, Homberg
15./16. Februar	Homberg
21./22. Februar	Wilhelmshaven
25./26. Februar	Düsseldorf
26./27. Februar	Köln
28. Februar	Wilhelmshaven
1./2. März	Köln
3./4. März	Köln
10./11. März	Köln
11./12. März	Kiel
12./13. März	Hamburg, Bremen, Berlin
13./14. März	Hamburg
14./15. März	Gelsenkirchen, Düsseldorf
15./16. März	Düsseldorf
17./18. März	Bremen, Wilhelmshaven
18./19. März	Kiel, Wilhelmshaven
19./20. März	Köln
23./24. März	Berlin, Kiel, Hannover
27./28. März	Köln, Düsseldorf
31. März/1. April	Bremen
7./8. April	Kiel, Bremerhaven
8./9. April	Kiel, Bremerhaven
9./10. April	Berlin
10./11. April	Düsseldorf
15./16. April	Kiel
16./17. April	Bremen
17./18. April	Berlin
20./21. April	Köln
24./25. April	Kiel
25./26. April	Kiel
26./27. April	Hamburg
29./30. April	Mannheim
30. April/1. Mai	Kiel
2./3. Mai	Hamburg
3./4. Mai	Köln
5./6. Mai	Mannheim
6./7. Mai	Hamburg
8./9. Mai	Hamburg, Bremen, Bremerhaven, Kiel
9./10. Mai	Mannheim, Ludwigshafen
10./11. Mai	Hamburg, Berlin
11./12. Mai	Hamburg, Bremen
12./13. Mai	Mannheim, Ludwigshafen, Köln
15./16. Mai	Hannover
16./17. Mai	Köln
17./18. Mai	Köln, Kiel
23./24. Mai	Köln
27./28. Mai	Köln
28./29 Mai	Kiel
2./3. Juni	Düsseldorf, Duisburg, Berlin
11. Juni	Bremerhaven
11./12. Juni	Düsseldorf, Duisburg
12./13. Juni	Soest, Schwerte, Hamm, Osnabrück, Hüls
14./15. Juni	Köln
15./16. Juni	Köln, Düsseldorf, Hannover
16./17. Juni	Köln, Düsseldorf, Duisburg
17./18. Juni	Köln, Düsseldorf, Duisburg
19./20. Juni	Köln, Düsseldorf
20./21. Juni	Kiel
21./22. Juni	Köln, Düsseldorf
22./23. Juni	Bremen, Wilhelmshaven
23./24. Juni	Köln, Kiel, Düsseldorf
24./25. Juni	Köln, Kiel, Düsseldorf
25./26. Juni	Bremen, Kiel
26./27. Juni	Köln, Düsseldorf, Kiel
27./28. Juni	Bremen
29./30. Juni	Bremen, Hamburg
30. Juni/1. Juli	Ruhrgebiet
2./3. Juli	Bremen, Köln, Duisburg
3./4. Juli	Essen, Bremen
5./6. Juli	Münster, Osnabrück, Bielefeld
6./7. Juli	Münster, Dortmund
7./8. Juli	Köln, Osnabrück, Münster
8./9. Juli	Hamm, Münster, Bielefeld, Merseburg
9./10. Juli	Aachen, Osnabrück
10./11. Juli	Köln
11./12. Juli	Wilhelmshaven
12./13. Juli	Bremen
14./15. Juli	Bremen, Hannover
16./17. Juli	Hamburg
17./18. Juli	Köln
19./20. Juli	Hannover
20./21. Juli	Köln
21./22. Juli	Frankfurt, Mannheim
22./23. Juli	Frankfurt, Mannheim
23./24. Juli	Mannheim, Frankfurt
24./25. Juli	Kiel, Emden
25./26. Juli	Hannover, Hamburg
30./31. Juli	Köln
2./3. August	Hamburg, Berlin, Kiel
5./6. August	Mannheim, Karlsruhe, Frankfurt
6./7. August	Frankfurt, Mannheim, Karlsruhe
7./8. August	Essen, Hamm, Dortmund
8./9. August	Kiel, Hamburg
11./12. August	Krefeld, Mönchengladbach
12./13. August	Berlin, Hannover, Magdeburg, Essen
14./15. August	Hannover, Braunschweig, Magdeburg
16./17. August	Köln, Düsseldorf, Duisburg

17./18. August	Bremen, Duisburg
18./19. August	Köln, Duisburg
19./20. August	Kiel
22./23. August	Mannheim
24./25. August	Düsseldorf
25./26. August	Karlsruhe, Mannheim
26./27. August	Köln
27./28. August	Mannheim
28./29. August	Duisburg
29./30. August	Frankfurt
29./30. August	Mannheim
31. August	Köln, Essen
2./3. September	Frankfurt, Berlin
6./7. September	Hüls
7./8. September	Berlin, Kiel
8./9. September	Kassel
11./12. September	Rostock, Kiel, Warnemünde
12./13. September	Frankfurt
15./16. September	Hamburg
16./17. September	Karlsruhe
17./18. September	Karlsruhe
19./20. September	Stettin
20./21. September	Berlin, Frankfurt
26./27. September	Köln, Emden, Mannheim
28./29. September	Frankfurt
29./30. September	Stettin, Hamburg
30. Sept./1. Oktober	Hamburg, Stettin
1./2. Oktober	Karlsruhe, Stuttgart
10./11. Oktober	Essen, Köln
12./13. Oktober	Nürnberg, Bremen, Hüls
13./14. Oktober	Düsseldorf, Köln
14./15. Oktober	Nürnberg
15./16. Oktober	Köln
16./17. Oktober	Duisburg
20./21. Oktober	Bremen, Wilhelmshaven, Emden
21./22. Oktober	Bremen
22./23. Oktober	Mannheim
23./24. Oktober	Kiel
24./25. Oktober	Frankfurt
26./27. Oktober	Hamburg
31. Oktober	Hamburg, Bremen
1./2. November	Kiel
4./5. November	Essen
7./8. November	Berlin, Köln, Mannheim
8./9. November	Essen
9./10. November	Hamburg
15./16. November	Emden, Kiel
26./27. November	Emden
27./28. November	Düsseldorf
30. Nov./1. Dez.	Hamburg, Emden
7./8. Dezember	Aachen
11./12. Dezember	Köln
16./17. Dezember	Wilhelmshaven
22./23. Dezember	Wilhelmshaven
23./24. Dezember	Köln
27./28. Dezember	Düsseldorf
28./29. Dezember	Wilhelmshaven, Hüls, Emden

1942	
10./11. Januar	Wilhelmshaven
14./15. Januar	Hamburg
15./16. Januar	Hamburg, Bremen
17./18. Januar	Bremen
20./21. Januar	Emden
21./22. Januar	Emden, Bremen
22./23. Januar	Münster
26./27. Januar	Hannover, Emden
28./29. Januar	Münster
11./12. Februar	Mannheim
14./15. Februar	Mannheim
22./23. Februar	Wilhelmshaven
25./26. Februar	Kiel
8./9. März	Essen
9./10. März	Duisburg
10./11. März	Essen
12./13. März	Kiel
13./14. März	Köln
25./26. März	Essen
26./27. März	Essen
28./29. März	Lübeck *320 Tote* *39 000 Ausgebombte*
1./2. April	Hanau
5./6. April	Köln
6./7. April	Essen
8./9. April	Hamburg
10./11. April	Essen
12./13. April	Essen
14./15. April	Dortmund
15./16. April	Dortmund
17./18. April	Hamburg
22./23. April	Köln
23./24. April	Rostock
24./25. April	Rostock
25./26. April	Rostock
26./27. April	Rostock *200 Tote* *30 000 Ausgebombte*
27./28. April	Köln
28./29. April	Kiel
3./4. Mai	Hamburg
4./5. Mai	Stuttgart
5./6. Mai	Stuttgart
6./7. Mai	Stuttgart
8./9. Mai	Warnemünde
19./20. Mai	Mannheim
30./31. Mai	Köln *486 Tote* *45 000 Ausgebombte*
1./2. Juni	Essen
2./3. Juni	Essen
3./4. Juni	Bremen
5./6. Juni	Essen
6./7. Juni	Emden
8./9. Juni	Essen
16./17. Juni	Essen
19./20. Juni	Emden
20./21. Juni	Emden

22./23. Juni	Emden
25./26. Juni	Bremen
27./28. Juni	Bremen
29./30. Juni	Bremen
2./3. Juli	Bremen
8./9. Juli	Wilhelmshaven
11. Juli	Danzig
13./14. Juli	Duisburg
19./20. Juli	Bremen
21./22. Juli	Duisburg
23./24. Juli	Duisburg
25./26. Juli	Duisburg
26./27. Juli	Hamburg *337 Tote* *14 000 Ausgebombte*
28./29. Juli	Hamburg
29./30. Juli	Saarbrücken
31. Juli/1. August	Neuss *279 Tote* *12 000 Ausgebombte*
	Düsseldorf
6./7. August	Duisburg
9./10. August	Osnabrück
11./12. August	Mainz
12./13. August	Mainz
15./16. August	Düsseldorf
17./18. August	Osnabrück
18./19. August	Flensburg
24./25. August	Frankfurt/M.
27./28. August	Kassel
28./29. August	Nürnberg, Saarbrücken
1./2. September	Saarbrücken
2./3. September	Karlsruhe
4./5. September	Bremen
6./7. September	Duisburg
8./9. September	Frankfurt/M., Rüsselsheim
10./11. September	Düsseldorf
13./14. September	Bremen
14./15. September	Wilhelmshaven
16./17. September	Essen
19./20. September	Saarbrücken, München
23./24. September	Wismar
1./2. Oktober	Wismar
2./3. Oktober	Krefeld
5./6. Oktober	Aachen
6./7. Oktober	Osnabrück
13./14. Oktober	Kiel
15./16. Oktober	Köln
9./10. November	Hamburg
22./23. November	Stuttgart
2./3. Dezember	Frankfurt/M.
6./7. Dezember	Mannheim
20./21. Dezember	Duisburg
21./22. Dezember	München

1943	
3./4. Januar	Essen
4./5. Januar	Essen
7./8. Januar	Essen
8./9. Januar	Duisburg
9./10. Januar	Essen
11./12. Januar	Essen
12./13.Januar	Essen, Remscheid, Solingen, Wuppertal
13./14. Januar	Essen
16./17. Januar	Berlin
17./18. Januar	Berlin
27./28. Januar	Düsseldorf
30./31. Januar	Hamburg
2./3. Februar	Köln
4. Februar*	Emden, Hamm
3./4. Februar	Hamburg
11./12. Februar	Wilhelmshaven
14. Februar*	Hamm
14./15. Februar	Köln
18./19. Februar	Wilhelmshaven
19./20. Februar	Wilhelmshaven
21./22. Februar	Bremen
24./25. Februar	Wilhelmshaven
25./26. Februar	Nürnberg, Fürth
26./27. Februar	Köln
1./2. März	Berlin *709 Tote* *64 909 Ausgebombte*
3./4. März	Hamburg, Duisburg
4. März*	Hamm
5./6. März	Essen *461 Tote* *30 000 Ausgebombte*
8./9. März	Nürnberg
9./10. März	München
11./12. März	Stuttgart
12./13. März	Essen
18. März*	Bremen
22. März*	Wilhelmshaven
26./27. März	Duisburg
27./28. März	Berlin
29./30. März	Berlin, Bochum
3./4. April	Essen
4./5. April	Kiel
8./9. April	Duisburg
9./10. April	Duisburg
10./11. April	Frankfurt
14./15. April	Stuttgart *619 Tote*
16./17. April	Mannheim
17. April*	Bremen
20./21. April	Stettin *586 Tote*
	Rostock
26./27. April	Duisburg
30. April/1. Mai	Essen
4./5. Mai	Dortmund *693 Tote* *40 000 Ausgebombte*

12./13. Mai	Duisburg
13./14. Mai	Bochum *302 Tote*
14. Mai*	Kiel
16./17. Mai	Möhnetalsperre *1294 Tote*
19. Mai*	Kiel
23./24. Mai	Dortmund *599 Tote*
25./26. Mai	Düsseldorf
27./28. Mai	Essen
29./30. Mai	Wuppertal *3400 Tote* *130 000 Ausgebombte*
11. Juni*	Wilhelmshaven, Cuxhaven
11./12. Juni	Düsseldorf *1292 Tote* *140 000 Ausgebombte*
	Münster
12./13. Juni	Bochum *312 Tote*
13. Juni*	Bremen
14./15. Juni	Oberhausen
16./17. Juni	Köln
20./21. Juni	Friedrichshafen
21./22. Juni	Krefeld *1056 Tote* *72 600 Ausgebombte*
22. Juni	Hüls
22./23. Juni	Mülheim *578 Tote*
24./25. Juni	Wuppertal *1800 Tote* *112 000 Ausgebombte*
25. Juni*	Wangerooge
25./26. Juni	Gelsenkirchen, Solingen, Düsseldorf
28./29. Juni	Köln *4377 Tote* *230 000 Ausgebombte*
3./4. Juli	Köln *588 Tote* *72 000 Ausgebombte*
8./9. Juli	Köln *502 Tote* *48 000 Ausgebombte*
9./10. Juli	Gelsenkirchen
13./14. Juli	Aachen *294 Tote* *40 000 Ausgebombte*
24./25. Juli	Hamburg *1500 Tote* *380 000 Ausgebombte*
25. Juli*	Hamburg, Kiel
25./26. Juli	Essen *>500 Tote* *100 000 Ausgebombte*
26. Juli*	Hannover
27./28. Juli	Hamburg *34 000 Tote* *900 000 Ausgebombte*
29. Juli*	Kiel
29./30. Juli	Hamburg *1000 Tote* *150 000 Ausgebombte*
30. Juli*	Kassel
30./31. Juli	Remscheid *1120 Tote* *40 000 Ausgebombte*
2./3. August	Hamburg
9./10. August	Mannheim *269 Tote*
10./11. August	Nürnberg *585 Tote* *28 000 Ausgebombte*
12. August*	Bochum, Recklinghausen, Gelsenkirchen
17. August*	Regensburg
17./18. August	Peenemünde *780 Tote*
22./23. August	Leverkusen, Düsseldorf, Solingen
23./24. August	Berlin *899 Tote* *103 558 Ausgebombte*
27./28. August	Nürnberg
30./31. August	Mönchengladbach
31. Aug./1. Sept:	Berlin
3./4. September	Berlin *623 Tote* *39 844 Ausgebombte*
5./6. September	Mannheim, Ludwigshafen *127 Tote* *20 000 Ausgebombte*
6. September*	Stuttgart
6./7. September	München
22./23. September	Hannover
23./24. September	Mannheim, Ludwigshafen, Darmstadt
27. September*	Emden
27./28. September	Hannover, Braunschweig
29./30. September	Bochum
1./2. Oktober	Hagen *266 Tote* *30 000 Ausgebombte*
2. Oktober*	Emden
2./3. Oktober	München
3./4. Oktober	Kassel
4. Oktober*	Frankfurt/M., Wiesbaden, Saarbrücken
4./5. Oktober	Frankfurt/M. *529 Tote*
	Ludwigshafen
7./8. Oktober	Stuttgart, Böblingen
8. Oktober*	Bremen
8./9. Oktober	Hannover *1200 Tote*
	Bremen

9. Oktober*	Anklam, Marienburg, Danzig
10. Oktober*	Münster *473 Tote* *20 000 Ausgebombte*
	Coesfeld
14. Oktober*	Schweinfurt
18./19. Oktober	Hannover
20. Oktober*	Düren
20./21. Oktober	Leipzig
22./23. Oktober	Kassel *7000 Tote* *53 800 Ausgebombte*
3. November*	Wilhelmshaven
3./4. November	Düsseldorf *622 Tote*
	Köln
5. November*	Gelsenkirchen, Münster
11. November*	Münster
13. November*	Bremen
16. November*	Knaben
17./18. November	Ludwigshafen
18./19. November	Berlin, Mannheim, Ludwigshafen
19./20. November	Leverkusen
22./23. November	Berlin *2000 Tote* *175 000 Ausgebombte*
23./24. November	Berlin *1000 Tote* *100 000 Ausgebombte*
25./26. November	Frankfurt/M.
26. November*	Bremen
26./27. November	Berlin, Stuttgart
29. November*	Bremen
30. November*	Solingen
1. Dezember*	Leverkusen
2./3. Dezember	Berlin
3./4. Dezember	Leipzig *1717 Tote* *114 000 Ausgebombte*
11. Dezember*	Emden
13. Dezember*	Kiel, Hamburg
16. Dezember*	Bremen
16./17. Dezember	Berlin *628 Tote* *30 063 Ausgebombte*
20. Dezember*	Bremen
20./21. Dezember	Frankfurt/M.
23./24. Dezember	Berlin
29./30. Dezember	Berlin
30. Dezember*	Ludwigshafen

1944	
1./2. Januar	Berlin
2./3. Januar	Berlin
4. Januar*	Kiel, Neuss, Düsseldorf
5./6. Januar	Stettin
7. Januar*	Ludwigshafen
11. Januar*	Oschersleben, Halberstadt, Braunschweig, Osnabrück, Meppen
14./15. Januar	Braunschweig
20./21. Januar	Berlin *306 Tote* *20 938 Ausgebombte*
21./22. Januar	Magdeburg
24. Januar*	Eschweiler
27./28. Januar	Berlin *426 Tote* *19 945 Ausgebombte*
28./29. Januar	Berlin *531 Tote* *69 466 Ausgebombte*
29. Januar*	Frankfurt/M. *903 Tote*
30. Januar*	Braunschweig, Hannover
30./31. Januar	Berlin *582 Tote* *82 980 Ausgebombte*
3. Februar*	Wilhelmshaven
4. Februar*	Frankfurt/M.
8. Februar*	Frankfurt/M.
10. Februar*	Braunschweig
11. Februar*	Frankfurt/M.
15./16. Februar	Berlin *320 Tote*
19./20. Februar	Leipzig *817 Tote* *30 000 Ausgebombte*
20. Februar*	Rostock, Leipzig, Gotha, Helmstedt
20./21. Februar	Stuttgart
21. Februar*	Diepholz, Verden, Braunschweig, Lingen, Rheine
22. Februar*	Aschersleben, Bernburg, Halberstadt, Magdeburg
24. Februar*	Rostock, Schweinfurt, Gotha
24./25. Februar	Schweinfurt
25. Februar*	Regensburg, Augsburg, Fürth
25./26. Februar	Augsburg *720 Tote* *85 000 Ausgebombte*
29. Februar*	Braunschweig
1./2. März	Stuttgart
2. März*	Frankfurt/M., Offenbach
3. März*	Wilhelmshaven
4. März*	Bonn, Köln
6. März*	Berlin, Potsdam, Wittenberg
8. März*	Berlin
9. März*	Berlin, Hannover, Braunschweig, Nienburg/Weser
10. März*	Münster

15. März*	Braunschweig
15./16. März	Stuttgart
16. März*	Augsburg, Ulm, Friedrichshafen
18. März*	Oberpfaffenhofen, Landsberg, München, Memmingen, Friedrichshafen
18./19. März	Frankfurt/M. *421 Tote* *55 000 Ausgebombte*
20. März*	Frankfurt/M., Mannheim, Bingen
22./23. März	Frankfurt/M. *1001 Tote* *120 000 Ausgebombte*
23. März*	Braunschweig, Münster, Osnabrück
24. März*	Schweinfurt, Frankfurt/M.
24./25. März	Berlin
26./27. März	Essen *550 Tote*
29. März	Braunschweig
30./31. März	Nürnberg, Schweinfurt
1. April*	Pforzheim
6./7. April	Hamburg
8. April*	Braunschweig, Oldenburg, Rheine
9. April*	Marienburg, Warnemünde, Parchim
11. April*	Oschersleben, Bernburg, Sorau, Stettin, Rostock
11./12. April	Aachen *1525 Tote*
13. April*	Schweinfurt, Lechfeld, Augsburg
18. April*	Oranienburg, Perleberg, Wittenberge, Brandenburg, Rathenow
19. April*	Kassel, Lippstadt, Werl, Paderborn, Gütersloh
20./21. April	Köln *664 Tote* *20 000 Ausgebombte*
	Stettin
22. April*	Hamm, Koblenz, Bonn
22./23. April	Düsseldorf, Braunschweig 1200 Tote 20 500 Ausgebombte
24. April*	Friedrichshafen
24./25. April	München, Karlsruhe *136 Tote* *70 000 Ausgebombte*
26. April*	Braunschweig, Hildesheim
26./27. April	Essen *313 Tote*
	Schweinfurt
27./28. April	Friedrichshafen
29. April*	Berlin
7. Mai*	Berlin, Münster, Osnabrück
8. Mai*	Berlin, Braunschweig
11. Mai*	Saarbrücken, Völklingen
12. Mai*	Merseburg, Zwickau, Chemnitz, Gera, Hof, Zeitz, Böhlen
13. Mai*	Stettin, Stralsund, Tutow, Osnabrück
19. Mai*	Berlin, Braunschweig
20./21. Mai	Düsseldorf
21./22. Mai	Duisburg
22. Mai*	Kiel
22./23. Mai	Dortmund *361 Tote*
	Braunschweig
24. Mai*	Berlin
24./25. Mai	Aachen
27. Mai	Ludwigshafen, Mannheim, Karlsruhe, Saarbrücken, Neunkirchen
27./28. Mai	Aachen
28. Mai*	Dessau, Zwickau, Meißen, Leipzig, Magdeburg
29. Mai*	Pölitz, Tutow, Leipzig, Schneidemühl, Posen, Sorau, Cottbus
30. Mai*	Dessau, Halberstadt, Oldenburg, Rotenburg/Wümme, Bad Zwischenahn
31. Mai*	Osnabrück, Schwerte, Gütersloh
12./13. Juni	Gelsenkirchen 293 Tote
18. Juni*	Hamburg, Bremerhaven, Hannover, Bremen, Stade, Brunsbüttel
20. Juni*	Magdeburg, Fallersleben, Hamburg, Pölitz
21. Juni*	Ruhland, Berlin
29. Juni*	Böhlen, Leipzig, Wittenberg, Bernburg, Magdeburg
7. Juli*	Merseburg, Leipzig
11./13./16. Juli*	München *1471 Tote* *200 000 Ausgebombte*
13. Juli*	Saarbrücken
16. Juli*	Stuttgart, Augsburg, Saarbrücken
18. Juli*	Kiel, Cuxhaven, Peenemünde
18./19. Juli	Wesseling
19. Juli*	Augsburg, Kempten, Böblingen, Schweinfurt, Saarbrücken, Koblenz
20. Juli*	Dessau, Merseburg, Leipzig, Erfurt, Schmalkalden, Gotha
21. Juli*	München, Saarbrücken, Regensburg, Schweinfurt
23./24. Juli	Kiel *315 Tote* *20 000 Ausgebombte*
24./25. Juli	Stuttgart
25./26. Juli	Stuttgart, Wanne-Eickel
28./29. Juli	Hamburg *265 Tote*
	Stuttgart

29. Juli*	Merseburg, Bremen
31. Juli*	München, Ludwigshafen
4. August*	Hamburg, Bremen, Peenemünde, Anklam, Kiel, Wismar, Rostock, Schwerin
5. August*	Magdeburg, Halberstadt, Braunschweig, Hannover
6. August*	Brandenburg, Berlin, Hamburg
9.August*	Ulm, Pirmasens, Karlsruhe, Saarbrücken
12./13. August	Braunschweig, Rüsselsheim
14. August*	Mannheim, Ludwigshafen
15. August*	Wiesbaden, Frankfurt, Köln
16. August*	Delitzsch, Schkeuditz, Halle/S., Zeitz, Rositz, Dessau, Köthen, Magdeburg
16./17. August	Stettin *1117 Tote*
16./17. August	Kiel
18./19. August	Bremen *1300 Tote* *30 000 Ausgebombte*
23./24. August	Köln
24. August*	Braunschweig, Weimar, Merseburg
25. August*	Rostock, Schwerin, Wismar, Rechlin, Pölitz, Peenemünde, Anklam, Neubrandenburg
25./26. August	Rüsselsheim, Darmstadt
26. August*	Gelsenkirchen
26./27. August	Kiel, Königsberg
29./30. August	Königsberg *1033 Tote* *500 Tote*
	Stettin
30. August*	Kiel, Bremen
3. September*	Ludwigshafen
5. September*	Stuttgart, Karlsruhe
6. September*	Emden
8. September*	Ludwigshafen, Kassel, Karlsruhe
9. September*	Mannheim, Mainz, Düsseldorf
9./10. September	Mönchengladbach
10. September*	Ulm, Heilbronn, Nürnberg, Fürth, Gaggenau, Sindelfingen, Zuffenhausen
11. September*	Fulda, Merseburg, Eisenach, Magdeburg
11./12. September	Darmstadt *10 550 Tote* *49 000 Ausgebombte*
12. September	Münster, Magdeburg*
12./13. September	Frankfurt/M. *957 Tote* *50 000 Ausgebombte*
	Stuttgart *469 Tote*
13. September	Osnabrück, Gelsenkirchen Stuttgart*, Schwäbisch Hall*, Ulm*, Merseburg*
14. September	Wilhelmshaven
15./16. September	Kiel
18./19. September	Bremerhaven *618 Tote* *30 000 Ausgebombte*
19. September*	Koblenz, Limburg, Hamm, Dortmund, Unna
19./20. September	Mönchengladbach/Rheydt
21. September*	Ludwigshafen, Mainz, Koblenz
22. September*	Kassel
23./24. September	Neuss, Dortmund, Münster
25. September*	Ludwigshafen, Frankfurt, Koblenz
26. September*	Osnabrück, Hamm, Bremen
26./27. September	Karlsruhe
27. September*	Köln, Ludwigshafen, Kassel
27./28. September	Kaiserslautern *144 Tote* *30 000 Ausgebombte*
28. September*	Magdeburg, Merseburg, Kassel
30. September*	Bielefeld, Münster, Hamm
30. September	Bottrop
2. Oktober*	Kassel, Köln, Hamm
3. Oktober*	Nürnberg, Gaggenau
5. Oktober	Wilhelmshaven Köln*, Lippstadt*, Münster*
5./6. Oktober	Saarbrücken *344 Tote* *25 000 Ausgebombte*
6. Oktober*	Stargard, Neubrandenburg, Stralsund, Hamburg
6./7. Oktober	Dortmund *258 Tote* *100 000 Ausgebombte*
	Bremen *65 Tote* *37 700 Ausgebombte*
7. Oktober	Emmerich, *641 Tote*
	Kleve Zwickau*, Merseburg*, Kassel*, Clausthal*, Dresden*
9. Oktober	Bochum Schweinfurt*, Mainz*, Koblenz*
12. Oktober	Wanne-Eickel Osnabrück*
14. Oktober	Duisburg
14./15. Oktober	Braunschweig *561 Tote* *80 000 Ausgebombte*
	Duisburg *2541 Tote*
15./16. Oktober	Wilhelmshaven
16./17. Oktober	Köln

18. Oktober	Bonn *313 Tote* *20 000 Ausgebombte*
19./20. Oktober	Stuttgart *338 Tote*
	Nürnberg, Karlsruhe
21./22. Oktober	Hannover
22. Oktober	Neuss Braunschweig*, Hannover*, Hamm*, Münster*
23./24. Oktober	Essen *662 Tote*
25. Oktober	Essen *820 Tote*
	Homberg Neumünster*
26. Oktober	Leverkusen Bielefeld*, Münster*, Hannover*
28. Oktober	Köln *630 Tote* *20 000 Ausgebombte*
	Münster*, Hamm*
30. Oktober*	Hamm, Münster
30./31. Oktober	Köln *550 Tote*
31. Okt./1.	November Köln
1. November*	Gelsenkirchen
1./2. November	Oberhausen
2. November*	Merseburg, Bielefeld, Castrop-Rauxel
2./3. November	Düsseldorf *748 Tote* *15 000 Ausgebombte*
4. November*	Neunkirchen, Saarbrücken, Hannover, Hamburg, Gelsenkirchen
4./5. November	Bochum *984 Tote* *10 000 Ausgebombte*
5. November	Solingen *1882 Tote* *20 000 Ausgebombte*
	Frankfurt/M.*, Ludwigshafen*, Karlsruhe*
6. November	Gelsenkirchen *518 Tote*
	Hamburg, Minden, Bottrop Neumünster*
6./7. November	Koblenz *104 Tote* *25 000 Ausgebombte*
	Merseburg
8. November	Merseburg, Homberg
9. November	Wanne-Eickel
10. November*	Saarbrücken, Hanau, Wiesbaden, Köln
11. November*	Oberlahnstein, Gelsenkirchen, Bottrop
11. November	Castrop-Rauxel
11./12. November	Harburg, Dortmund
16. November*	Düren *2900 Tote*
	Eschweiler
18. November	Münster
18./19. November	Wanne-Eickel
20./21. November	Koblenz
21. November*	Merseburg, Gießen, Wetzlar, Osnabrück, Hamburg
21./22. November	Aschaffenburg *344 Tote*
	Castrop-Rauxel
23. November	Gelsenkirchen
25. November*	Merseburg, Bingen
26. November	Fulda Bielefeld*, Hamm*, Misburg*
26./27. November	München
27. November*	Bingen, Offenburg
27./28. November	Freiburg i. Br. *2700 Tote* *40 000 Ausgebombte*
	Neuss
28./29. November	Essen, Neuss
29. November	Dortmund, Diusburg
30. November*	Zeitz, Merseburg, Neunkirchen, Homburg
30. Nov./1. Dez.	Duisburg
2. Dezember*	Bingen
2./3. Dezember	Hagen *583 Tote* *20 000 Ausgebombte*
4. Dezember	Oberhausen Kassel*, Mainz*
4./5. Dezember	Karlsruhe *357 Tote* *20 000 Ausgebombte*
	Heilbronn *7000 Tote* *50 000 Ausgebombte*
5. Dezember*	Berlin, Münster
5. Dezember	Hamm *1000 Tote* *20000 Ausgebombte*
5./6. Dezember	Soest
6. Dezember*	Merseburg, Bielefeld
6./7. Dezember	Gießen *813 Tote* *30 000 Ausgebombte*
	Osnabrück
9. Dezember*	Stuttgart
10. Dezember*	Bingen, Koblenz
11. Dezember*	Frankfurt/M., Mannheim, Hanau, Gießen
12. Dezember	Witten *409 Tote* *20 000 Ausgebombte*
	Merseburg*, Hanau*, Darmstadt*
12./13. Dezember	Essen

15. Dezember*	Kassel, Hannover
15./16. Dezember	Ludwigshafen
16. Dezember	Siegen *348 Tote*
17./18. Dezember	Ulm *606 Tote* *50 000 Ausgebombte*
	Duisburg, München
18. Dezember*	Mainz, Koblenz, Kaiserslautern
19. Dezember	Trier
21. Dezember	Trier
21./22. Dezember	Köln, Pölitz, Bonn
22./23. Dezember	Bingen, Koblenz
24. Dezember*	Babenhausen, Groß Ostheim, Zellhausen, Biblis, Darmstadt, Frankfurt/M., Merzhausen
27. Dezember*	Fulda
27./28. Dezember	Opladen
28. Dezember*	Kaiserslautern, Koblenz
28./29. Dezember	Bonn *486 Tote*
	Mönchengladbach
29. Dezember	Koblenz
30./31. Dezember	Köln
31. Dezember*	Hamburg, Neuss, Krefeld, Mönchengladbach, Remagen, Koblenz
31. Dezember	Vohwinkel

1945	
1. Januar*	Kassel, Göttingen, Koblenz, Andernach
2. Januar*	Gerolstein, Mayen, Daun, Bitburg, Koblenz, Bad Kreuznach, Kaiserslautern, Lebach
2./3. Januar	Nürnberg *1794 Tote* *100 000 Ausgebombte*
	Ludwigshafen
3. Januar*	Fulda, Aschaffenburg, Gemünd, Schleiden, Koblenz, Pforzheim, Homburg, Zweibrücken, Neunkirchen, Landau, Pirmasens, St. Vith, Köln
5. Januar*	Neustadt/W., Soberheim, Pirmasens, Hanau, Neunkirchen, Frankfurt/M., Kaiserslautern, Heilbronn, Niederbreisig, Niedermendig, Koblenz
5. Januar	Ludwigshafen
5./6. Januar	Hannover
6. Januar*	Worms, Kaiserslautern, Köln, Ludwigshafen, Bonn, Koblenz
6./7. Januar	Hanau *90 Tote* *20 000 Ausgebombte*
7. Januar*	Hamm, Paderborn, Bielefeld, Köln, Landau, Kaiserslautern, Zweibrücken, Rastatt
7./8. Januar	München *505 Tote* *70 000 Ausgebombte*
8. Januar*	Speyer, Frankfurt/M.
10. Januar*	Köln, Düsseldorf, Bonn, Euskirchen
11. Januar	Krefeld
13. Januar*	Mainz, Worms, Kaiserslautern, Rüdesheim, Germersheim, Mannheim
14. Januar*	Derben, Magdeburg, Köln
15. Januar*	Ingolstadt, Freiburg/Br., Reutlingen, Augsburg
16. Januar*	Dresden
16./17. Januar	Magdeburg *16 000 Tote* *190 000 Ausgebombte*
	Zeitz
17. Januar*	Hamburg, Paderborn
18. Januar*	Kaiserslautern
20. Januar*	Rheine, Heilbronn, Mannheim
21. Januar*	Aschaffenburg, Mannheim, Heilbronn
22./23. Januar	Duisburg
23. Januar*	Neuss
28. Januar*	Köln, Duisburg
28./29. Januar	Stuttgart

29. Januar*	Siegen, Koblenz, Bad Kreuznach, Kassel, Bielefeld, Hamm, Münster
1. Februar*	Mannheim, Ludwigshafen, Wesel
1./2. Februar	Mainz, Ludwigshafen, Siegen
2./3. Februar	Wiesbaden *1000 Tote* *20 000 Ausgebombte*
	Wanne-Eickel, Karlsruhe
3. Februar*	Berlin *2541 Tote* *119 057 Ausgebombte*
	Magdeburg
3./4. Februar	Bottrop, Dortmund
6. Februar*	Chemnitz, Gotha, Giessen, Magdeburg
9. Februar*	Magdeburg, Weimar, Gießen, Fulda, Bielefeld, Paderborn, Dülmen
13./14. Februar	Dresden *ca. 35 000 Tote* *250 000 Ausgebombte*
	Böhlen
14. Februar*	Dresden, Chemnitz, Bamberg, Magdeburg, Wesel, Dülmen
14./15. Februar	Chemnitz
15. Februar*	Cottbus, Dresden, Magdeburg, Rheine
16. Februar*	Hamm, Nordstern, Dortmund, Münster, Osnabrück, Rheine, Wesel
16./17. Februar	Wesel *562 Tote*
17. Februar*	Frankfurt/M., Gießen
19. Februar*	Osnabrück, Meschede, Siegen, Dortmund, Bochum, Gelsenkirchen, Münster, Rheine, Wesel
20. Februar*	Nürnberg
20./21. Februar	Dortmund, Düsseldorf
21. Februar*	Nürnberg *1356 Tote* *69 385 Ausgebombte*
21./22. Februar	Worms *239 Tote* *35 000 Ausgebombte*
22. Februar*	Bamberg, Ansbach, Ulm, Halberstadt, Nordhausen, Peine, Hildesheim, Wittenberg, Stendal, Uelzen, Ludwigslust
23. Februar*	Treuchtlingen, Crailsheim, Plauen, Meiningen, Kitzingen, Weimar, Gera, Osnabrück, Paderborn
23. Februar	Essen *1555 Tote*
	Gelsenkirchen
23./24. Februar	Pforzheim *bis zu 20 000 Tote* *50 000 Ausgebombte*
24. Februar	Kamen
24. Februar*	Hamburg, Lehrte, Bielefeld, Bremen, Wesel
25. Februar*	Friedrichshafen, München, Ulm, Aschaffenburg, Schwäbisch Hall
26. Februar*	Berlin *636 Tote* *71 283 Ausgebombte*
27. Februar*	Leipzig *677 Tote*
	Halle
27. Februar	Mainz
28. Februar*	Soest, Hagen, Siegen, Meschede, Arnsberg, Bielefeld, Kassel
1. März	Mannheim
1. März*	Bruchsal *1000 Tote* *30 000 Ausgebombte*
	Reutlingen, Neckarsulm, Ulm Heilbronn, Ingolstadt, Augsburg
2. März*	Chemnitz, Magdeburg, Dresden
2. März	Köln *500 Tote*
3. März*	Hannover, Chemnitz, Bielefeld, Herford, Magdeburg, Braunschweig
3./4. März	Kamen, Dortmund
4. März*	Ulm, Ingolstadt
5. März*	Chemnitz, Hamburg
5./6. März	Chemnitz
7. März*	Soest, Bielefeld, Dortmund, Siegen, Giessen, Datteln-E.
7./8. März	Dessau *600 Tote* *20 000 Ausgebombte*
	Harburg *422 Tote*
8. März*	Siegen, Dortmund, Giessen, Essen, Hüls
8./9. März	Hamburg
9. März*	Frankfurt/M., Kassel, Münster, Rheine, Osnabrück
10. März*	Arnsberg, Paderborn, Bielefeld, Soest, Dortmund, Schwerte
11. März	Essen *897 Tote*
11. März*	Kiel, Hamburg, Bremen
12. März	Dortmund *895 Tote*
12. März*	Swinemünde *bis zu 23 000 Tote* Wetzlar, Friedberg, Marburg, Siegen, Betzdorf, Dillenburg
13. März	Wuppertal *562 Tote*
14. März*	Hannover, Hildesheim, Gütersloh, Giessen
15. März*	Zossen, Oranienburg

15./16. März	Hagen *505 Tote* *32 500 Ausgebombte*
16./17. März	Nürnberg *517 Tote* *35 000 Ausgebombte*
	Würzburg
17. März*	Ruhland, Bitterfeld, Plauen, Böhlen, Molbis, Jena, Erfurt, Münster, Hannover
18. März*	Berlin *336 Tote* *79 785 Ausgebombte*
18./19. März	Witten *500 Tote* *20 000 Ausgebombte*
	Hanau *2000 Tote* *30 000 Ausgebombte*
19. März*	Zwickau, Jena, Plauen, Neuburg, Leipheim, Baumenheim
20. März*	Hamburg
22. März	Hildesheim *1645 Tote* *40 000 Ausgebombte*
23./24 März	Wesel
24. März	Gladbeck *3095 Tote* *40 000 Ausgebombte*
25. März	Osnabrück *143 Tote* *20 000 Ausgebombte*
	Hannover, Münster
27. März	Paderborn *330 Tote* *30 000 Ausgebombte*
31. März	Hamburg
3. April*	Kiel *624 Tote*
3./4. April	Nordhausen *8800 Tote* *20 000 Ausgebombte*
4./5. April	Leuna, Harburg, Lützkendorf
6. April*	Leipzig *733 Tote*
8. April*	Halberstadt *1 866 Tote* *25 000 Ausgebombte*
8./9. April	Hamburg
9./10. April	Kiel
10. April	Leipzig
10./11. April	Plauen *20 000 Ausgebombte*
11. April	Bayreuth, Nürnberg
13./14. April	Kiel
14./15. April	Potsdam *5000 Tote* *40 000 Ausgebombte*
	Zerbst
17. April*	Dresden *453 Tote*
18. April	Helgoland
20. April	Regensburg
20./21. April	Berlin
21./22. April	Kiel
22. April	Bremen
24. April	Bad Oldesloe *700 Tote*
25. April	Wangerooge, Berchtesgaden
2./3. Mai	Kiel
3. Mai	Lübecker Bucht Versenkung der „Cap Arcona" und der „Thielbeck" *7200 Tote*

Bereits am 16. Februar 1945, drei Tage nach den verheerenden Angriffen vom 13./14. Februar, erschien wieder eine Ausgabe der nationalsozialistischen Dresdner Zeitung. Ob der Kampfeswille der Bevölkerung angesichts von Tod und Zerstörung tatsächlich so unerschüttert war, wie in den hier zu lesenden Durchhalteparolen behauptet, ist fraglich. Die meisten sehnten ein baldiges Ende des Krieges herbei. Dennoch: Zwei Monate später wurde das weitgehend zerstörte Dresden noch zur Festung erklärt, Jugendliche und Alte wurden zu Volkssturmeinheiten zusammengefasst.

Der Freiheitskampf

AMTLICHE ZEITUNG DER NSDAP.

AMTLICHES BLATT DER BEHÖRDEN

DRESDNER ZEITUNG

Nr. 39 15. Jahrgang — Freitag, 16. Februar 1945 — Kostenlos

Trotz Terror: Wir bleiben hart

Britische Luftgangster vernichteten in 3 Terrorangriffen unersetzliche Bau- und Kulturdenkmäler sowie Wohnviertel Dresdens - Auch die Stadt Chemnitz angegriffen - Unser Kampfeswille bleibt unerschüttert

D r e s d e n. Britische Terrorbomber haben nun auch in unserer Stadt ihr Vernichtungswerk vollzogen und alles in Schutt und Asche geworfen, was uns lieb und teuer ist. Nicht nur, daß diese Mordbrenner wertvolle Kulturdenkmäler, wie die weltberühmte Dresdner Oper, den Zwinger, die Hofkirche und viele andere historische Bauten und Kulturinstitute vernichtet haben, sie brachten auch unendliches Elend über Tausende wehrlose Volksgenossen. Allein, mag dieses Leid auch noch so groß sein und der Verlust unserer Angehörigen und unserer Habe uns noch so sehr treffen: eines haben diese Mörder nicht erreicht, nämlich das, was sie bezwecken wollten, uns weich zu machen für einen ehrlosen und für alle Zeiten verhängnisvollen Frieden. Im Gegenteil, die letzten Terrorangriffe haben uns noch härter und trotziger werden lassen. Sie haben für den Gegner nur eines gebracht, daß wir noch verbissener kämpfen werden in dem unabänderlichen Willen, uns die Entscheidung zu erzwingen.

Frontstadt Dresden

Sachsens Gauhauptstadt ist Frontstadt geworden. Allerdings Stadt an der Front in einem Kriege, der wahrlich nicht mehr das Geringste mit jener von Soldaten und Feldherren mit Waffen und Hirnen geführten Auseinandersetzung um Ehre und heilige Rechte zu tun hat, die die Welt Krieg zu nennen pflegt. Der Krieg hat jederzeit Opfer und auch Schrecken in seinem Gefolge gehabt. Der nun auch gegen Dresden angewandte Terror aber bedeutet Mord und Vernichtung in der allerbrutalsten Form.

Die teuflischen Mächte, die diesen [illegible] vom Zaune brachen, führen zwar heuchlerisch so scheinheilige Phrasen wie Freiheit und Weltenglück im Munde. In Wahrheit aber verfolgen sie einzig und allein das sadistische Ziel, Deutschland und das deutsche Volk zu vernichten. Mit der Dreier-Konferenz der Kriegsverbrecher Stalin, Roosevelt und Churchill, deren Tagungsort Jalta auf der Krim bereits beweist, daß es im Grunde der Befehlsempfang der Anglo-Amerikaner beim Sowjetgewaltigen Stalin war, haben sie auch ausdrücklich die teuflischen Pläne des Juden Morgenthau zum Prinzip erhoben. Der 13. und der 14. Februar 1945 sind für unsere sächsische Gauhauptstadt die grauenvolle Dokumentation dieses grenzenlosen Vernichtungswahnes jenes übelsten Verbrecher- und Untermenschentums.

Der viehische Mord an Männern, Frauen und Kindern, das skrupellose Zerstören von Wohnstätten, die Vernichtung der von sorgenden Familienvätern in Fleiß und Eifer mit unendlicher Mühe und Liebe aufgebauten häuslichen Behaglichkeit ist von dem Begriff des totalen Krieges weltenweit entfernt, selbst wenn wir diesen einmal ohne jegliche Grenzen verstehen und deuten wollten. Was die feindlichen Luftgangster mit Feuer und Sprengung hier angerichtet haben, ist viel mehr Vernichtung um der Vernichtung willen, ist Mord um des Mordes willen. Es gibt dafür keine andere Erklärung und kann keine andere geben als die, daß sie Ausfluß der niedrigsten Instinkte sind.

Im Heulen der Bomben und in der Glut der Flammen hat sich auch vor unseren Augen und in unserem nie wieder zu tilgenden Erleben auf die furchtbarste Weise dokumentiert, daß die Kräfte, gegen die wir in diesem Krieg stehen und die sich zu Werkzeugen dieser rasenden Vernichtung machten, wenn sie gleich Menschenantlitz tragen, doch von Menschenwürde auch nicht das mindeste in sich tragen. In der Trauer um den Verlust so teuflisch hingemordeter Menschen wie im Schmerz um die Einbuße wertvollsten Habes und Gutes sowie unersetzlicher Kulturgüter, deren Dresden ja so reich ist, ist nur dies die von allen Dresdnern in eine Frage des Entsetzens gekleidete Ueberzeugung: Wie kann überhaupt soviel Grauen erdacht werden? Daß keiner der gegnerischen Staatsmänner sich ihrer Verwirklichung widersetzt, stempelt sie alle zusammen zu Werkzeugen des Teufels. Sie haben einfach keine Vorstellung von dem, was sie in solchen Stunden unserem Volke entreißen. Ihnen geht es ja eben auch um die Vernichtung und Ausrottung unseres Volkes selber, weil sie von nichts anderem geleitet werden als ihrem talmudischen Haß. Warum sie aber diesen Haß pflegen und in solchen Formen austoben lassen, das ist die aus dem Gedanken der Volksgemeinschaft von uns aufgebaute Welt, die allein das Glück und die Wohlfahrt der Menschen auf ihr Panier geschrieben hat. Wieviel sie freilich mit der teuflischen Vernichtung nicht nur dem deutschen Volk, sondern zugleich der ganzen Welt entreißen, dafür geht ihnen jegliches Verständnis ab.

Um so mehr aber wissen wir es, und dies Bewußtsein um die hohe, dem deutschen Volk in diesem Ringen gestellte Aufgabe ist es, das uns auch angesichts der erschütternden Opfer dieser fluchwürdigen Stunden und erst recht angesichts dieser Opfer in der heiligen Ueberzeugung von der Gerechtigkeit unseres Kampfes stärkt. Darum ist gerade das das verpflichtende Vermächtnis der schmerzvoll betrauerten Dresdner Opfer: Es muß uns doch gelingen, unser Volk und die Welt von den weiteren verheerenden Folgen solchen verbrecherischen Untermenschentums zu befreien!

Dresdner Volksgenossen

In kurzen Abständen haben sich die Luftgangster Dresden zum Ziele ausgesucht. Die Gegner des deutschen Sozialstaates setzen in ihrem teuflischen Haß alles daran, soviel wie möglich zu zerstören. Wir müssen diesem Haß unseren unerschütterlichen Willen zum Leben entgegensetzen; unseren festen Glauben an die schicksalhafte Gerechtigkeit, die wir aber durch den Einsatz unserer ganzen Kräfte selbst erkämpfen und verteidigen müssen.

Bewahrt in dieser Stunde Disziplin und Ruhe! Es sind alle Maßnahmen veranlaßt, die möglich sind, um den Obdachlosen zu helfen und sie zu verpflegen.

Jeder sehe, daß er selbst Hand anlegen kann, überall dort, wo er gebraucht wird. Es gibt kein Schicksal, welches härter sein kann als unser Wille, es zu tragen. Jedes Sichgehenlassen und jede Gleichgültigkeit bedeuten eine Verschlechterung des Zustandes; jedes Zupacken aber, jedes gute Wort und jede gute Tat bedeuten einen Schritt vorwärts zur Gestaltung des Lebens unserer Familien im Rahmen der Möglichkeiten dieses Krieges.

Volksgenossen! In diesen ernsten Stunden gerade muß der Führer gewiß sein, daß er sich auf uns verlassen kann. Helft alle mit, damit er dessen sicher ist, daß sich Dresden auch diesmal der Größe des deutschen Schicksals würdig zeigt.

Wo sich hinwenden?

Die Angriffe der Luftgangster in den Abendstunden des 13. und in den Morgenstunden des 14. Februar 1945 waren von einer noch nie dagewesenen Abscheulichkeit. Sie haben wiederum bewiesen, daß es den von den Juden aufgepeitschten Kriegsverbrechern nur darauf ankommt, deutsche Kulturgüter zu zerstören und das deutsche Volk zu schädigen. Die Führung und die Behörden haben den festen Willen, im Rahmen der Möglichkeiten zu helfen.

Wer ausgebombt ist und sich noch in Dresden aufhält, begibt sich am besten an die Peripherie der Stadt. Dort wird er durch Posten der Partei weitere Auskunft und Hilfe erhalten.

Helft alle mit, durch besonnenes Verhalten so schnell wie möglich Ordnung in das durch die Kriegsverbrecher zerstörte Leben zu bringen!

Einsatz aller in Schneidemühl

Berlin. Ein Pionierhauptmann, der mit der Sanitätsstaffel aus Schneidemühl zurückkehrte, berichtete über den hartnäckigen Widerstand der Grenzstadt. Der Volkssturm ist in den Verband der kämpfenden Truppe eingereiht, während Frauen und Helferinnen im Sanitätsdienst tätig sind. Der Hauptmann betonte vor allem, daß 15jährige Jungen, die seinen Pionieren als Melder und ortskundige Helfer bei der Verminung des Geländes geholfen haben, wertvolle Dienste geleistet haben. Bürgermeister und Kreisleiter halten sich seit dem ersten Tag in der ersten Verteidigungslinie auf.

Schwere Abwehrkämpfe an allen Fronten

Durchbruch der Verteidiger von Budapest zur eigenen Linie

Aus dem Führerhauptquartier, 15. Februar. Das Oberkommando der Wehrmacht gibt bekannt: Nach völliger Einschließung von Budapest haben die Verteidiger die Stadt fast 50 Tage lang gegenüber heftigsten feindlichen Angriffen gehalten und weit überlegene sowjetische Kräfte gebunden. Die tapfere deutsch-ungarische Besatzung ist nunmehr, als Munition und Verpflegung zu Ende gingen, befehlsgemäß aus dem Belagerungsring ausgebrochen. Die ersten Teile haben bereits unsere Front westlich Budapest erreicht.

Zwischen Plattensee und Scharwitzkanal wurde ein Einbruch, den der Feind am 9. Februar mit neun Schützendivisionen und einer Schnellen Brigade hatte erzielen können, durch unsere Panzer in mehrtägigen Kämpfen beseitigt. Neben hohen blutigen Ausfällen verloren die Bolschewisten 22 Panzer, 166 Geschütze, zahlreiche sonstige Waffen, 134 Fahrzeuge und mehrere hundert Gefangene. Nördlich der Westbeskiden griffen die Sowjets zwischen Saybusch und Schwarzwasser vergeblich an.

Auch an der neu aufgebauten Abriegelungsfront in Niederschlesien sowie bei Breslau und Glogau schlugen unsere Truppen starke Angriffe der Bolschewisten in harten Kämpfen ab. Bei Striegau, nordwestlich Bunzlau und nördlich Sagan wurde der Feind durch Gegenangriffe zurückgeworfen. Im Oderknie konnten die Sowjets bis Grünberg vordringen. Zwischen Fürstenberg und dem Oderbruch gelang es, die örtlichen feindlichen Brückenköpfe bei Wiesenau und Gildendorf noch mehr einzuengen, nördlich davon in mehreren Abschnitten sowjetische Angriffe abzuweisen. Im Südteil Pommerns behaupteten sich im Vorfeld unserer Front die Stützpunkte Arnswalde und Märkisch-Friedland gegen heftige bolschewistische Angriffe. Im Stadtgebiet von Posen toben schwere Häuserkämpfe. In Westpreußen setzten die Bolschewisten zwischen Konitz und Graudenz ihre Durchbruchsversuche fort. Sie wurden in erbitterten Kämpfen nach Abschuß von 40 Panzern aufgefangen. In Ostpreußen blieben die feindlichen Angriffe südlich Braunsberg und beiderseits Zinten ergebnislos. Mit dem gestrigen Abschuß von 60 Panzern wurden seit dem 12. Januar in Ostpreußen über 2600 Panzer vernichtet. Schlacht- und Jagdfliegerverbände brachten mit ihren Angriffen auf sowjetische Verbände und Nachschubkolonnen den Truppen des Heeres Entlastung und vernichteten zusammen mit der Flakartillerie der Luftwaffe 59 Panzer, 24 Geschütze und 400 Kraftfahrzeuge.

An der Schlachtfront zwischen Niederrhein und Maas zerschlugen unsere Truppen auch gestern alle unter starkem Materialeinsatz geführten Angriffe der Engländer. Südlich des Reichswaldes wurden einige örtliche Einbrüche abgeriegelt. Schnelle deutsche Kampfflugzeuge und Schlachtflieger griffen mit beobachteter guter Wirkung in diesem Kampfraum bei Tag und Nacht feindliche Nachschubstützpunkte und Bereitstellungen an. In den Straßen der Stadt Prüm wird heftig gekämpft. Erneute Versuche der Amerikaner, aus ihrem Brückenkopf an der unteren Sauer nach Norden vorzudringen, wurden vereitelt. Die Kämpfe dauern noch an. Zwischen Saarlautern und dem Rhein scheiterten mehrere feindliche Vorstöße.

Im Westalpengebiet machten Gebirgsjäger bei einem erfolgreichen Unternehmen an der französisch-italienischen Grenze Gefangene. Ein eigener Stoßtrupp vernichtete in den Bergen südlich Bologna eine feindliche Stützpunktbesatzung und brachte gleichfalls zahlreiche Gefangene ein. Mehrfache britische Angriffe nordöstlich Faenza brachen in unserem Abwehrfeuer zusammen. In der Herzegowina gelang es überlegenen feindlichen Kräften, nach erbitterten Kämpfen in Mostar einzudringen. Auf dem Westufer der unteren Drina haben unsere dort seit Tagen schwer kämpfenden Truppen den feindlichen Widerstand gebrochen und sind in zügigem Vordringen nach Norden.

Mitteldeutschland mit dem sächsischen Raum, das Münsterland und Südostdeutschland waren bei Tag und Nacht das Angriffsziel anglo-amerikanischer Terrorbomber. Durch mehrere Angriffe wurde die Stadt Chemnitz besonders schwer getroffen. Umfangreiche Schäden in Wohnvierteln entstanden vor allem in Magdeburg und erneut in D r e s d e n, wo unersetzliche Bau- und Kunstdenkmäler vernichtet sind. Luftverteidigungskräfte der Luftwaffe und Kriegsmarine schossen 59 feindliche Flugzeuge, fast ausschließlich viermotorige Bomber, ab.

Das Vergeltungsfeuer auf London wird fortgesetzt.

Glänzende Waffentaten

Ergänzend zum Wehrmachtbericht wird gemeldet: Bei den Kämpfen östlich des Plattensees hat sich die Schwere Panzerabteilung 509 unter Führung von Major Burmester besonders ausgezeichnet. Sie vernichtete in der Zeit vom 18. Januar bis 8. Februar bei zehn eigenen Ausfällen 203 sowjetische Panzer und Sturmgeschütze, 145 Geschütze sowie fünf Flugzeuge und fügte dem Feind hohe blutige Verluste zu.

Die acht Luftangriffe auf Dresden

Quellen: Götz Bergander, Dresden im Luftkrieg. Vorgeschichte, Zerstörung, Folgen. Köln, Wien 1994 (2., überarb. u. erw. Aufl.); Verbrannt bis zur Unkenntlichkeit. Die Zerstörung Dresdens 1945. Begleitbuch zur Ausstellung im Stadtmuseum Dresden, hrsg. von der Landeshauptstadt Dresden, Stadtmuseum Dresden 1995 (Angaben beruhend auf Bergander und städtischen Archivakten)

7. Oktober 1944	
Öffentliche Luftwarnung	11.40 Uhr
Fliegeralarm	12.00 Uhr
Angriff	12.34 bis 12.36 Uhr
Vorentwarnung	13.20 Uhr
Entwarnung	13.30 Uhr
Zahl und Typ der Bomber	29 B 17
Bombenmenge und -typ	70 Tonnen Sprengbomben
Ziele	westliches Dresdner Stadtzentrum, Wilsdruffer Vorstadt, Friedrichstadt
Tote	257
Ausgebombte	2755

16. Januar 1945	
Öffentliche Luftwarnung	11.30 Uhr
Fliegeralarm	11.50 Uhr
Angriff	12.12 bis 12.17 Uhr
Vorentwarnung	12.50 Uhr
Entwarnung	13.35 Uhr
Zahl und Typ der Bomber	127 B 24
Bombenmenge und -typ	264,8 Tonnen Sprengbomben; 41,6 Tonnen Brandbomben
Ziele	Güterbahnhof Friedrichstadt, Rathaus Cotta, Wettiner Bahnhof, Hechtviertel der Neustadt
Tote	334

13./14. Februar 1945

1. Angriff:

Fliegeralarm	21.40 Uhr
Angriff	22.03 bis 22.28 Uhr
Entwarnung	23.30 Uhr

2. Angriff:

Fliegeralarm	01.05 Uhr
Angriff	01.23 bis 01.55 Uhr
Entwarnung	02.15 Uhr

Zahl und Typ der Bomber	243 Lancaster *(erster Angriff)* 529 Lancaster *(zweiter Angriff)*
Bombenmenge und -typ	1477,7 Tonnen Minen- und Sprengbomben; 1181,1 Tonnen Brand-bomben
Ziele	Innere Altstadt, Pirnaische Vorstadt, Seevorstadt, Südvorstadt, Johannstadt, Friedrichstadt, Löbtau, Blasewitz, Striesen, Strehlen, Gruna, Plauen, Neustadt, Antonstadt
Tote	ca. 35 000
Ausgebombte	ca. 350 000

14. Februar 1945

Fliegeralarm	12.00 Uhr
Angriff	12.17 bis 12.30 Uhr
Entwarnung	12.45 Uhr

Zahl und Typ der Bomber	311 B 17
Bombenmenge und -typ	474,5 Tonnen Minen- und Sprengbomben; 296,5 Tonnen Brand-bomben
Ziele	Güterbahnhof Friedrich-stadt, Stadtteil Friedrich-stadt, Bahnhofsanlagen Dresden-Altstadt, Leipziger Vorstadt

15. Februar 1945

Fliegeralarm	11.15 Uhr
Angriff	11.51 bis 12.01 Uhr
Entwarnung	12.30 Uhr

Zahl und Typ der Bomber	210 B 17
Bombenmenge und -typ	463,4 Tonnen Spreng-bomben
Ziele	verstreut; konzentrierte Abwürfe nur am Landgericht

2. März 1945

Fliegeralarm	10.00 Uhr
Angriff	10.27 bis 11.03 Uhr
Entwarnung	11.40 Uhr

Zahl und Typ der Bomber	406 B 17
Bombenmenge und -typ	940,3 Tonnen Sprengbomben
Ziele	Leipziger Vorstadt, Marienbrücke, Japanisches Palais, Waldschlösschenviertel, Dobritz, Gruna, Niedersedlitz, Wasserwerke Saloppe und Hosterwitz

17. April 1945

Öffentliche Luftwarnung	13.15 Uhr
Fliegeralarm	13.50 Uhr
Angriff	13.48 bis 15.12 Uhr
Entwarnung	16.00 Uhr

Zahl und Typ der Bomber	580 B 17
Bombenmenge und -typ	1554,7 Tonnen Sprengbomben; 164,5 Tonnen Brand-bomben
Ziele	Güterbahnhof Friedrich-stadt, Krankenhäuser Friedrichstadt und Löbtau, Wohnviertel Zwickauer Straße, Chemnitzer Straße, Oschatzer Straße und Bürgerstraße, Altstadt mit Hauptbahnhof
Tote	453

In den Wochen und Monaten nach den Angriffen vom 13./14. Februar 1945 erschienen in der Dresdner Zeitung zahlreiche Anzeigen, in denen verzweifelte Eltern nach ihren seit der Bombennacht vermissten Kindern suchten.

SUCHANZEIGEN

Suche Ursula Hannig, geb. 21. 5. 43. Sie ist am 14. 2. mittags von Johst. abtransportiert worden. Bekleid. war sie mit roter Mütze, rot. Schuhen u. br. Strümpfen. Bitte Nachr. an Frau Alma Hannig, Flemmingstr. 28, III.

Suche meinen Sohn, 1¼ J. alt, bißchen Ausschlag im Gesicht, Kleidung: weiß. Hemd, rosa gestrickt. Leibchen, blaugestr. Stoffwindelhose, braune Strümpfe, blaue Filzschuhe, dunkelbl. Lammfellmantel u. in eine braune Wolldecke eingepackt. Kind ist am 13. 2. in ein Hausgrundstück am Holbeinplatz abgelegt worden. Nachr. erbittet Hilde Müller, z. Z. (10) Dorfhain 64 1 über Tharandt, Bez. Dresden.

Helga Mögel, 5 J. alt, wohnhaft Trompeterstr. 10, II., wird seit 14. 2. vermißt. Zuletzt im Luftschutzkell. Tromperterschlößch. Kleidg.: Plüschmant., rot. Samtkld. Zuschr. an Mögel, Freital-Burgk, Dammsweg 3, I., bei Zaude.

Erika Göbel, 6 J. alt, **Brunhilde Göbel,** 3 J. alt, hellblond, blaue Augen, mittelblond, dunkle Augen, Kaulbachstr. 10, werden seit 13./14. 2. vermißt. Nachricht erbeten an Paul Göbel, Hosterwitz/Dr., Hohe Leite 4, bei Großer.

Wo ist Karl-Heinz Wiesner? Er ist 6 J., verm seit 13./14. 2. Kleidg.: Plüschmantel, dkibl. lg. Hose, dkl. Mütze. Zuletzt wohnhaft Zöllnerstr. 38, III. Im Keller auf der Stephanienstr. verloren. Nachricht erbittet Fr. H. Wiesner, Dresden-Leuben, Sachsenwerkstraße 47.

Suche mein Kind! Die Leute, die in der Nacht v. 13. zum 14. 2. an der Ecke Wormserstr. einen hell. Kinderwag mit damals 14 Tage alt. Jung. aufhoben u. weiterfuhren, werden gebeten, sich zu melden. Adresse: Henriette Schilling, Dresden A 49, Altomsewitz 26.

Suche mein Kind Dieter Täubrich, 5½ J., wohnh. gewes. Freiberger Pl. 17, verm. seit 13./14. 2. Angaben an Frau Else Täubrich, Dresden A 28, Nostitz-Wallwitz-Platz 15, III.

Suche Günter Freudiger, 3 J., Röhrhofsgasse 18, und Dieter Künnecke, 5½ J., mttbl., bl. Augen, hellrot m. grau u. dklbl. gestr. Pullover, lange graue Hose, dunkelbl. Mantel u. Mütze m. Rot bestickt. Seit 13. 2. vermißt. Nachricht erbeten an Künnecke, Theodorstraße 10.

Wer kann mir Nachricht geben über mein. 6 Mon. alt. Jungen? Groß u. kräftig, eingewickelt in ein. graugelb gewürf. Decke, gezeichnet C. Z. Derselbe wurde in der Nacht vom 13. zum 14. 2. ein. Offizier in einem Keller auf der Augustusstr. überreicht. Christa Zöllner, Königstein/Elbe, Siedlung 227, bei Bürgin.

Suche mein Kind Irene Münch, 4 J., dkl.-bld., 2 abst. Zöpfchen, rote Korallen-Ohrr., bekl.: grauer Manchestersamt-Kapuzenmantel m. schw. Punkten, rot kariertes Kleid; kl. Leberfleck am Rücken u. Leib, vermißt seit 13./14. 2. Frau J. Münch, Dr. N 23, Heidestr. 15, II.

Wer weiß Bescheid über Dieter Scholz (15 Mon. alt), wohnh. gew. Feldschlößchenstr. 7, bl. Locken, bl. Augen, am Gesäß groß. Leberfleck, bekleidet mit blauem Mantel mit weißen Knöpfen, weiß. Häubchen m. angehäkeltem Rand. Nachr. an Fritz Kretschmar, Dr. A 29, Weidentalstraße 54.

Hansel Bivly aus Groß-Strehlitz (O.-S.), Krakauer Str. 1, 6 J., in der Ammonstraße 7 am 13./14. 2. 45 gerettet, seitdem verm., blondes Haar, blaue Augen, kl. auseinandersteh. Zähne, Kld. braun. Mantel, Fischkrätenmuster, Garn. grau mit rot., handgestr., grauem Anz., blauweiß gestr. Pullover, bl. Trainingshose, Nachricht erbeten an Anna Bivly, Pirna, Adolf-Hitler-Straße 37.

SUCHANZEIGEN

Gesucht wird Hannelore Lehnert, 6 J. alt, Feldschlößchenstr. 22. Nachricht an Otto Lehnert, Königsbrücker Straße 42, bei Kunze.

Ich suche mein Töchterchen Brigitte, 2 J. alt, bld. Haar, blaugraue Augen, wahrscheinl. m. beigefarb. Mäntelchen, rot abges. u. Metallknöpf., bekleidet Prager Str. 12. Angaben erbeten an J. Heimann, z. Z. Dippoldiswalde, Freiberger Straße 10, bei Felfe.

Suche meine Tochter Anita Lattke, 5 J. alt, ging vom 13. zum 14. 2. Dresden A 1, Albrechtstr. 5, im Keller verloren. Kleidung: blaues Kleid, grüne lange Hose, braun. Pullover, graugrün. Knabenmantel, Haar: blond. Bubenkopf. Besonder. Merkmal: beide Daum. krumm. Nachricht erbittet Frau Selma Lattke, Schönfeld bei Dresden über Bad Weißer Hirsch, Radeberger Straße 1.

Suche Mathilde Eschweiler aus Köln, 2½ J. alt, hellblond. Haar, br. Augen, Muttermal am linken Bein.. Kleidung: Hellbl. Unterrock, dunkelbl. Schlüpfer, rosa Wollkleidch, graue Strümpfe, blaue Schuhe. Beim Angriff am 13. 2. im Luftschutzkeller verloren. Frau Marg. Eschweiler, Fördergersdorf über Dresden A 28 Land.

Monika Geisler, 1½ J., verlorengegang. in der Nacht v. 13. z. 14. 2. Ecke Ring- u. Marienstr. Kleidg.: Nachthemd, rosa gestrickte Hösch., rosa gestrickt. Jäckchen, hellkariert. Mantel, gestrickt. rot. Häubch, graue gefütt. Hausschuhe. Nachricht erbittet G. Vogt, Dr.-Omsewitz, Altburgstädtel 17, bei Fischer.

Suche Reni Wilke, 3¼ J., blond, blauäugig. Kleidg.: Rotkar. Schottenkl. m. bl. Koller, schw. Stiefel, br. Strümpfe, hellbr. Teddymantel m. Kapuze. Am 13. 2. von Dietrich-Eckart-Sch. (Marschnerstr.) von Soldaten mitgenommen. Nachricht erbittet H. Eger, Dr.-Blasewitz, Brucknerstraße 34.

Wer kann Auskunft über den Verbleib uns. Sohnes Frank Bergmüller, 2 J. alt, geben? Blond. Lockenkopf, bekleidet wahrscheinl. bl. Mantel m. weiß. Knöpfen, Baskenmütze. Wohnung: Große Plauensche Str. 21. Schill, Dresden A, Schäferstraße 7, III.

Seit Terrorangriff auf Dresden am 14. 2. wird vermißt: Wolfgang Schmidt, 4½ J., aus Königsberg (Pr.), blond, sehr scheu, dunkelbl. Kleidg. Letzte Wohnung in Dr., Albrechtstr. 35, in der Angriffsnacht im Keller Albrechtstr. 42. Nachr. erbeten an Frau Hamisch, Klotzsche, Jägerstraße 7, I.

Gesucht wird mein Kind Junge Puba Wagrasch. War am 13. 2. im Gerh.-Wagner-Krankenh. Ist geb. am 21. 2. 42. ist blond, hat am recht. Auge ein. Pickel so groß wie eine Bohne u. daneben eine kl. Narbe. Um werte Zuschriften bittet Frau Elfriede Roch, (10) Dresden A 44, Hermann-Seidel-Straße 2.

SUCHANZEIGEN

Wir suchen den 5 Wochen alten Wolfgang Komatzki, in blau u. weiß. Decke gehüllt, verm. seit 14. 2., Zöllnerplatz. Nachr. erb. Familie Gubsch, Dresden-Neustadt, Martin-Luther-Platz 3.

Wer kann mir Auskunft geben über Renate u. Joachim Lau? 3 u. 5 Jhr. alt. Liddy Lau, Gostritzer Straße 28.

Siegfried Kunath, geb. 15. 2. 40, befand sich in der Nacht vom 13. 2. z. 14. 2. in d. Humboldtstr.3, bekl. schwarz. Wintermantel mit Monogramm G. H., dklbl. Mütze, gestr. Hose u. Trainingsjacke, braune Stiefel, dbl. Haar, bl. Augen, seitdem verm. Mitteil. an Frau Hildeg. Kunath, Dr. A 28, Friedrichstr. 36, ptr.

Gitta Neugebauer, geb. 23. 7. 44. Mutter befand sich mit Kind Röhrhofsgasse 3 in der Nacht vom 13. zum 14. 2. Kleidung: Trägerröckchen, braune Ueberziehhosen mit Beinlängen, gehäkeltes Jäckchen, grünblau, bunte Mütze, besond. Erkennungszeichen: ein Ohrläppchen eingedrückt, blond, graublaue Augen. Nachricht erbittet Veronika Neugebauer, Röhrsdorf b. Wilsdruff, Dresd. Land 28, Haus 69.

Suche meine 4 Enkel, Heinz 6, Sieglinde 5, Peter 3, u. Claus Müller, 2 J. alt, Johannesstr. 10, I., seit 13. 2. vermißt. Nachr. erb. an Alfred Weickert, Boxdorf, Schlageterstr. 22, I.

Suche meine Enkel: Gerhard Zimpel, 6, Walter Zimpel, 4 Jahre, aus Rogau-Rosenau, seit 13. 2. 45 auf dem Neust. Bahnhof vermißt. Erb. dringend Nachricht. Frau Anna Zimpel, z. Z. Dresden N 6, Friedensstr. 21, bei Kuznia.

Dorothea Tschipke, geb. 13. 1. 42, bld. Locken, blaue Augen, Bekleid. w. Pelzmantel. Mitteil. an Fhj.-Uffz. W. Tschipke, Dr.-Weixdorf, Dörnichtweg 11, b.Bäscher.

Suche Siegfried Weber, geb. 28. 9. 41, wohnhaft gewesen Lindenaustr. 30, III., vermißt seit 13. 2. 45. Nachr. erb. an Max Dorn, Dr. N 30, Leipziger Str. 219.

Wo ist Peter Kleemann aus Breslau? 9 Jahre alt, blondes Haar, dunkelbl. Pullover mit rotem Rollkragen u. roten Aermelaufschlägen, graue lange Hose. Aus dem Luftschutzkeller Hauptbahnhof abtransportiert, seitdem vermißt. Mitteil. an Fr. Charlotte Kleemann, Dohna i. Sa., Ad.-Hitler-Str. 54, b. Rosenhahn.

Gesucht wird Margit Zaumseil, 4 J., gekleid.: graubraun. Mantel mit Kapuze u. blau. Gamaschenanzug, blonde Lock., geb. 2. 6. 41, u. Siegfried, 1 J., blauweißgestreift. Mantel mit Kapuze, geb. 23. 2. 44. Lissack, A 44, Schoberstr. 6.

Wer weiß Näheres? Margarete Köhler, 10 J., Ingrid Köhler, 3 J., vermißt seit 13. 2. 45. Mitteilung erb. an Fr. Klara Oestreich, Dresd. A 39, Lutherstr. 19 p.

Suche meine Tochter Inge Weise, 13 J. u. 10 Mon. alt, aus Dresden, vermißt seit 13. 2. 45, HJ.-Kleidg., BDM.-Jacke und -Bluse, schwarz. Faltenrock, blau. Pullover m. weiß. Stern bestickt, blonde Haare, blaue Augen. Nachr. erb. Liesbeth Weise, Dresden, Glasewaldtstr. 38.

Suche meine beiden Kinder Volkmar Schulze, 6 J., Helgard (gen. Puppe) Schulze, 3 J., od. wer hat in Laube-, Geisingstr. fremde Kinder im angeführten Alter übernommen. Nachr. erb. an Frau Helene (gen. Rosel) Schulze, Klotzsche b. Dresden, Schillerstraße 9.

Monika Starke, 3 J. 9 Mon., war am 13. 2. Mathildenstr. 46, bei Freudenberg untergebracht. Kleidung: schwarzgraukariertes Kleid, meliertes Mäntelchen, graue Strümpfe, braune hohe Schuhe, gold. Ohrringe. Nachr. erb. an FrauStarke,Dr.N6,BöhmischeStr.21,Hh.,I.

SUCHANZEIGEN

Suche Eva Stachowski, 1¾ Jahr, blonde Locken, bekleidet mit graubraun. Trainingsanzug, rosa Hemd, weiß. Strampelhose, hellen Strümpfen, Filzschuhen. 13./14. 2. 45. Wurde durch Flüchtling aus Keller Dürerstr. 6 herausgetragen. Nachricht an Joh. Stachowski, Mittelgrund 124, b. Hammer (11a), Tetschen-Bodenbach.

Gesucht wird Rosemarie Schmidt. Welche Dame nahm am 14. Febr. gegen Mittag unter der Brühlschen Terrasse aus den Händen ein. DRK.-Schwester ein klein. Mädchen von 4½ Jahren mit sich? Vermutlich war das Kind mit einem Schianzug u. rot-blauer Mütze bekleidet, hat Mittelscheitel und Zöpfe. Sie wohnte Dresden A, Humboldtstr. 6, II., was sie auch sagen kann. Nachr. erb. die Großeltern: Emil Eckel, Freital I, Untere Dresdner Straße 67, Wollwaren.

Ich suche meine Kinder, vermißt seit 13./14. 2.: Ursel, geb. 3. 8. 39, Rainer, geb. 5. 7. 43. Kleidung: brauner, handgestr. Anzug, dunkelbl. Gamaschenhose, schw. Trainingshose, kamelhaarfarb. Filzsch., blond. blaue Augen, spricht Mama u. Ja. Frau Else Neubert aus Muskau, z. Z. Dr. A 38, Kesselsdorfer Straße 169.

Suche Barbara Silbermann, wohnh. Gr. Plauensche Str. 32, 8 Mon. alt, braune Haare, br. Augen, trägt rosa Barchentröckchen, lachsfarbige Garnitur, weiße Strümpfe und braungestrickte Schuhe. Nachr. erb. an Frau Ella Silbermann, Gelenau b. Thum, Gr. Kirchgasse 232, oder Dora Müller, Adlergasse 20, I.

Gesucht wird Klaus Windisch, 4½ Jahre alt, zuletzt Marktstr. 1, II., wohnhaft. **Ders. soll a. 14. 2. a. d. Luftschutzkeller Marktstr. geborgen worden sein. Kleidung vermutlich schw. Trainingshose, blaues oder braun. Mäntelchen u. blaue Mütze. Erich Windisch. Nachricht an** Frau Klara Schütze, Klotzsche, **Mutschmannstraße 22.**

Berthold Lodsik, geb. 5. 9. 39, Heribert Mischy, geb. 22. 3. 34, beide werden seit 14. 2. in Dresden verm. Kleidung: dkl. Hose, rote Handschuhe. Nachricht erb. an: M. Lodsik, Förstereistraße 13, Haus 2, bei Lammler.

Wo ist Walburga Lipski? 3 J. alt, blond. kurz. glatt. Haar, blaue Augen. Bekleidung: dklbl. Hängerkleid m. hellgem. Koller u. kurz. Puffärmeln, hellbl. handgestr. Pull. m. gelb. eingest. Punkt., grünseid. Schlüpfer u. Unterrock, dklbl. Hängermantel, braun. Filzhut, graue Wollstrümpfe, braune Lederstiefel. Kind wurde auf der Tittmannstr. von Herrn an junge unbek. Frau abgegeben. Mitteilung an Frau Agnes Lipski, Dresden A 19 Pohlandstraße 13.

Wo ist Helga Klarmann, 9 J. alt, aus Dr. A 1, Ziegelstr. 35. Kleidung: buntes Kleid, blau. Schianzug, dklbl. BDM.-Mütze m. wß. Streifen, schwarz. Mantel mit Kapuze, gefütt. m. hell. Plüsch, schwarz. Halbsch., wird seit 13. 2. vermißt. Marg. verw. Klarmann, Gostritzer Straße 115, bei Roßberg.

Ich suche Karin Heinrich, 1½ J. alt, bl. Locken, blau. Augen, bekl. mit rosa Schlafanzug, grau. Mantel, weiß. Pelz abgesetzt, grauer Haube, trägt kl. Ohrringe, die Röschen darstellen, verl. am 13.2. Mathildenstr.16, Restaur. Hildegard Heinrich, Dr. A 49, Altomsewitz 1, I.

Der Autor

Matthias Gretzschel, geb. 1957, aufgewachsen in Dresden, studierte nach einer Buchhändlerlehre an der Leipziger Universität evangelische Theologie. Nach Promotion im Fachgebiet „Christliche Archäologie und Kirchliche Kunst" als freier Autor und Journalist in Leipzig tätig, seit 1990 Kulturredakteur beim „Hamburger Abendblatt". Autor zahlreicher kulturgeschichtlicher Sachbücher und Bildbände. Im Ellert & Richter Verlag sind von ihm die Titel „Stille Winkel in Dresden", „Auf den Spuren von Johann Sebastian Bach", „Auf den Spuren von Martin Luther" und „Der Harz" lieferbar.

Bildnachweis

Titel: bpk, Berlin (Foto: Peter sen.)
Umschlag hinten: Sächsische Landesbibliothek, Abt. Deutsche Fotothek, Dresden
Vor-/Nachsatz: Stadtmuseum Dresden, Fotoarchiv (Foto: Andres)

akg-images, Berlin: S. 23 li., 23 re., 30/31, 68, 69 u., 91, 110, 118 u.
Archiv Henny Brenner: S. 65 li.
Archiv Matthias Gretzschel, Hamburg: S. 41, 69 o.
bpk, Berlin: S. 13 re., 53 u. (Grimm), 74/75, 80 (Weinrother), 87 o., 94/95, 99 o. (Peter sen.), 103, 107 u., 108/109, 126
Bundesarchiv, Koblenz: S. 53 o.
Deutsches Historisches Museum, Berlin: S. 59
Hoffmann und Campe Verlag, Hamburg: S. 67 re.
Imperial War Museum, London: S. 32 re., 72
Interfoto Pressebild Agentur, München: S. 10 li.
Jüdische Gemeinde zu Dresden, Archiv: S. 46
Landesamt für Denkmalpflege Sachsen, Dresden: S. 102
Landesmedienzentrum, Hamburg: S. 33, 37, 38/39
Sächsische Landesbibliothek, Abt. Deutsche Fotothek, Dresden: S. 42, 43, 45 li., 45 re. (Würker), 47, 48/49 (Hahn), 50/51 (Möbius), 62/63 (Höhne/Pohl), 67 li., 76, 77 (Thonig), 78, 79; 85 und 86 (Hahn), 96 (Peter sen.), 97; 100/101 und 106 (Peter sen.), 107 o. und 111 o. (Höhne/Pohl), 114, 115 (Eschen), 117 li., 117 re. (Thonig), 118 o., 121 o., 121 u. (Möbius), 122 li., 147, 150/151
Jörg Schöner, Dresden: S. 122 re., 123
Reinhard Schulz-Schaeffer, Magazin GEO: S. 35
Stadtmuseum Dresden, Fotoarchiv: S. 56; 84 re., 92/93, 104/105 (alle: Kröbel)
Stadtplanungsamt Dresden, Bildstelle: S. 66
SV-Bilderdienst, München: S. 9 o. (Scherl), 9 u., 10 re. (Knorr + Hirth), 11; 12, 13 li., 14, 16, 17, 18, 19, 20 (alle: Scherl), 22, 36 (Scherl)
TARA, University of Keele: S. 25
Ullstein Bilderdienst, Berlin: S. 24, 27, 28/29, 32 li., 40, 54, 65 re., 71 o. (Kindermann), 99 u. (Pabel)
sowie aus:
Richard Overy, Bomber Command 1939–1945 (London 1997): S. 71 u.
Paeschke/Zimmer: S. 82 und 83 (Dietze), 87 u., 89, 113
Peter, Eine Kamera klagt an: S. 111 u.
Noble, Verbannt und verleugnet: S. 112

Bibliographische Information der Deutschen Nationalbibliothek
Die Deutsche Nationalbibliothek verzeichnet diese Publikation in der Deutschen Nationalbibliographie; detaillierte bibliographische Daten sind im Internet über http://dnb.d-nb.de abrufbar.

ISBN 978-3-8319-0175-3

6. Auflage 2022

Text und Bildlegenden:
Matthias Gretzschel, Hamburg
Lektorat:
Annette Krüger, Hamburg
Gestaltung:
Büro Brückner + Partner, Bremen
Lithographie:
Werbeagentur Barsuhn + Petersen, Hamburg
Gesamtherstellung:
Neografia, Slowakei

Autor und Verlag danken Winfried Werner, Dresden, für die vielfältige Unterstützung diese Buchprojektes.